中共湖北省委宣传部
中南财经政法大学　共建 新闻与文化传播学院项目成果

普通高等学校"十四五"规划文学与新闻传播类专业数字化精品教材

实用汉语史知识教程

Practical Chinese History
Knowledge Course

甘勇 编著

华中科技大学出版社
http://press.hust.edu.cn
中国·武汉

图书在版编目(CIP)数据

实用汉语史知识教程/甘勇编著. —武汉:华中科技大学出版社,2023.2
ISBN 978-7-5680-8927-2

Ⅰ.①实… Ⅱ.①甘… Ⅲ.①汉语史-教材 Ⅳ.①H1-09

中国版本图书馆 CIP 数据核字(2022)第 254130 号

实用汉语史知识教程　　　　　　　　　　　　　　　　　　　　　　　　甘　勇　编著
Shiyong Hanyu Shi Zhishi Jiaocheng

策划编辑：	周晓方　杨　玲
责任编辑：	刘玉美
封面设计：	原色设计
责任校对：	张汇娟
责任监印：	周治超
出版发行：	华中科技大学出版社(中国•武汉)　　电话：(027)81321913
	武汉市东湖新技术开发区华工科技园　　邮编：430223
录　　排：	华中科技大学惠友文印中心
印　　刷：	武汉市籍缘印刷厂
开　　本：	787mm×1092mm　1/16
印　　张：	8.5
字　　数：	205 千字
版　　次：	2023 年 2 月第 1 版第 1 次印刷
定　　价：	39.90 元

本书若有印装质量问题,请向出版社营销中心调换
全国免费服务热线：400-6679-118　竭诚为您服务
版权所有　侵权必究

普通高等学校"十四五"规划文学与新闻传播类专业数字化精品教材

编委会

主 任 罗晓静

副主任 余秀才 张 雯

委 员（以姓氏拼音为序）

陈国和 胡德才 李 晓 石永军
吴玉兰 王大丽 徐 锐 阎 伟
朱 恒 朱 浩 张红蕾 朱云飞

作者简介

甘勇 中南财经政法大学新闻与文化传播学院中文系教师，语言学及应用语言学专业博士，湖北省优秀普通话测试员，现主要讲授古代汉语、对外汉语、语言学概论等课程。2012年应邀赴韩国祥明大学交流讲学一年。曾在全国语言学暑期高级讲习班、全国汉语方言学会方言调查高级研修班学习。已在《语言研究》《汉字文化》《国际中国学研究》等国内外学术期刊上发表语言学论文20余篇，出版专著1部，另主持完成教育部人文社会科学研究青年基金项目1项和其他厅级、校级项目4项。

总序
FOREWORD

教育经历了"传统"与"现代"的过渡,"大学"也发生了从中世纪到现代的转变。一般认为,1810年德国柏林大学的创立标志着现代大学的诞生。现代大学不仅是教育机构,也是研究机构,推崇"学术自由"和"教学与研究的统一"。这种研究型大学的理念对世界高等教育影响深远,既为现代大学的形成奠定了基础,也在很长时间内规范着大学的评价体系。20世纪以来,大学则被赋予越来越多的功能,包括人才培养、科学研究和社会服务等,但无论大学怎样转变和多功能化,尤其是到了当下,有一个共识逐渐形成并被强化,即人才培养始终是大学最核心的功能。习近平总书记在2016年全国高校思想政治工作会议上明确指出:"高校立身之本在于立德树人。只有培养出一流人才的高校,才能够成为世界一流大学。办好我国高校,办出世界一流大学,必须牢牢抓住全面提高人才培养能力这个核心点,并以此来带动高校其他工作。"

人才培养涉及面很广,几乎贯穿高等教育的各个环节。教材,是育人育才的重要依托,是课堂教学的关键载体,在落实立德树人和人才强国战略中具有基础性地位和作用。高校教师是教材建设的主体,但高校教师在教材建设中的积极性并不高,究其原因,很大程度上是高校绩效考核中科研成果所占比重远远高于教学成果,教材建设的激励机制严重不足。随着《深化新时代教育评价改革总体方案》(以下简称《总体方案》)的出台,如何改革教师评价方式成为高等教育领域最受关注的问题之一。《总体方案》强调"坚持破立结合","破"的是重科研轻教学、重教书轻育人等行为,"立"的是潜心教学、全心育人的制度要求。教育评价是引导教育发展方向的"指挥棒",在《总体方案》出台前后,国家还出台了若干教材建设规划和教材管理办法,目的在于提高教材建设工作的科学化和规范化。提高教师参与教材建设的积极性,开创教材建设的新局面,已成为新时代背景下高等教育发展的必然趋向。

学术著作的撰写和出版具有很强的个人色彩,教材的编写和建设则往往需要组织领导和机制保障。从宏观层面来看,自改革开放以来,高校教材建设经历了实践与探索、发展与创新的不同阶段,并作为"国家事权"纳入我国高等教育的"顶层设计"之中,成为高校教育教学改革与人才培养模式变革的重要结合点。具体到我们学院组织编写这套"普通高等学校'十四五'规划文学与新闻传播类专业数字化精品教材",既是为了接续学院在新闻、文学和艺术教育方面的优良传统,也是学院在学科专业建设、教学质量提升和人才培养目标实现方面立足当下、展望未来的努力和尝试。

中南财经政法大学新闻与文化传播学院成立于2004年9月。其实学院的新闻、文学、艺术等专业的开办与学校的历史一样长久,源头是1948年学校前身中原大学创建之初设立的新闻系和文艺学院。1948年,随着解放战争节节胜利,新解放区迅速扩大,党的政治宣传任务需要一定数量高素质的新闻宣传人才。同年8月26日,中原大学新闻系在河南宝丰县成立,时任中原大学副校长并全面主持学校工作的正是新华日报社第一任社长潘梓年。中原大学新闻系举办了两期培训班,共招收学员130余人,教学任务分别由中原局宣传部和新华社中原总分社的负责干部来承担,主要讲授时事政治和新闻业务知识两类课程,其中新闻业务知识课包括新闻记者的修养(陈克寒)、新闻的评论和编辑工作(熊复)、农村采访工作(张轶夫)、军事采访经验(李普、陈笑雨)、新闻摄影(李普)、新闻工作的编辑排版校对等工作(刘国明)等。在战火纷飞的年代,中原大学新闻系为革命事业及时输送了一批急需的新闻宣传人才,他们大多终身奋战于党的新闻事业中,成为著名的编辑、记者和在新闻战线担任一定职务的领导干部和业务骨干。新闻系随中原大学南迁武汉后,也曾筹备过招收第三期学员的事宜,因种种原因未能继续办下去。但可以自豪地说,中原大学新闻系为我国的新闻教育和宣传事业做出了应有的贡献。

文艺学院和文艺系,是中原大学最早设立的院系之一。1948年9月中原大学招生广告显示,当时学校设有文艺、财经、教育、行政、新闻、医务六个系。同年10月,中共中央任命范文澜为校长,潘梓年为副校长。首任校长和副校长均在文学理论领域颇有建树,范文澜的《文心雕龙注》是龙学最有影响的著作之一,潘梓年于1926年出版的《文学概论》是较早参照西方的文学理论研究文学的著作。同年12月,中原大学组建了文艺研究室,著名电影导演、表演艺术家崔嵬为主任。文艺研究室下设戏剧组、音乐组、创作组,另有1名美术干部。1949年六七月间,以文艺研究室为基础,文艺学院成立,崔嵬任院长、作家俞林任副院长,在专业设置上包含戏剧系、音乐系、美术系、创作组、文工团。在两年多的时间里,文艺学院共培养了音乐、戏剧、美术、文学等专业毕业生及各种短训、代培生1136人,他们分布在中南地区和全国宣传、文艺、教育战线上,为我国文化艺术教育事业的发展做出了显著贡献。1951年8月,中原大学文艺学院划归中南军政委员会文化部领导。

因为20世纪50年代全国范围内的高等教育院系调整,学校的新闻、文学和艺术教育曾中断多年。1997年,学校重新开办新闻学专业,创建新闻系,相关学科专业建设步入新的发展阶段。2004年,新闻与文化传播学院正式成立。2007和2008年,学院先后成立中文系和艺术系,使建校之初就有的新闻、文学和艺术教育得以薪火相传。经过20多年的快速发展,学院已经具备了较为完整的人才培养体系,现下设新闻传播学系、中国语言文学系和艺术系,开设了新闻学、广播电视学、汉语言文学、数字媒体艺术、网络与新媒体五个本科专业及网络与新媒体—法学实验班,其中网络与新媒体、汉语言文学专业入选省级一流本科专业建设点,拥有新闻传播学及中国语言文学一级学科硕士学位授予权和新闻与传播、汉语国际教育专业硕士学位点,新闻传播学为湖北省重点学科、中国语言文学为学校重点学科。

2019年7月,学校与湖北省委宣传部、省教育厅正式签订"共建中南财经政法大学新闻与文化传播学院协议",学院发展进入新阶段,也迎来了改革和发展的"十四五"规划。学院在"十四五"规划期间的发展目标是,专业建设进一步优化和发展,学科建设逐步增强,人才培养进一步彰显特色,国际合作办学逐步拓展,科学研究再获新的突破,师资队伍结构合理优化。本学院的教学研究与改革工程作为重大行动之一,其具体措施就包括了组织编写出版新闻、中文和艺术专业的系列教材。目前我们推出的系列教材，既有彰显学院在经济新闻、创意写作、文化产业、数字影像等方向人才培养特色的《财经媒体与新闻报道案例》（吴玉兰主编）、《创意写作课》（罗晓静、张玉敏主编）、《儿童文学理论与案例分析》（蔡俊、李纲主编）、《文化产业创意与案例》（王维主编）、《数字雕塑基础》（卢盛文主编），也有展示教师将研究专长与课堂教学有机融合成果的《视听节目策划实务》（石永军、黄进编著）、《汉字溯源》（谭飞著）、《应用语言艺术》（李军湘主编）、《中国当代小说选讲》（陈国和主编）、《新闻传播学研究生学位论文写作教程》（王大丽主编）、《唐诗美学精神选讲》（程韬光主编）、《实用汉语史知识教程》（甘勇主编）、《整合品牌传播概论》（袁满主编）等。

  我们深知教材编写之不易，并对编写教材始终保持敬畏之心！系列教材的出版，凝聚了每一位编写者多年潜心教学的思考和付出，也得到了华中科技大学出版社人文分社周晓方社长、策划编辑杨玲老师等的大力帮助，在此一并表示由衷的感谢！

  我们希望以此为契机，深入贯彻习近平总书记在全国教育大会上的讲话精神，认真落实教育部"以本为本"的指导思想，以高水平教材建设为契机，以培养富有创新意识和开拓精神的复合型人才为目标，与时俱进、深化改革、开拓创新，进一步推动学院在教学质量、课程建设和教学改革等方面取得突破性进展。

中南财经政法大学新闻与文化传播学院院长、教授

罗晓静

2021 年 8 月 5 日于武汉南湖畔

前 言
PREFACE

  汉语史是研究汉民族共同语历史发展规律的科学,它对于我们深入了解和正确使用现代汉语具有不可替代的作用。也正因为如此,汉语史知识历来都是广大中小学语文教师和对外汉语教师整体知识结构中不可缺少的组成部分。

  然而目前已有的汉语史教材大多以时代为纲,卷帙浩繁,艰深难懂,一般的中小学语文教师和对外汉语教师都深感阅读困难,此种状况也影响了汉语史本体研究成果的普及。为将汉语史的本体研究成果转化为通俗易懂的能为中小学语文教学、对外汉语教学等领域所用的实际应用成果,笔者着眼实用,淡化历史脉络,编写了这本《实用汉语史知识教程》。本书一方面介绍了汉语历史发展之大概,另一方面则从词汇、语法、音韵三个方面搜罗整理与书面表达、汉语教学有密切关系的汉语史知识。

  本书预设的读者群为中文专业高年级本科生、应用语言学专业和汉语国际教育专业的研究生以及进修的中小学教师,同时也可以满足一般人群初步认识汉语史这门学科的需要。

目 录
CONTENT

◉ 第一章　汉语史知识概要 / 1
　第一节　学习汉语史知识的重要性 / 1
　第二节　汉语的祖先及其亲属语言 / 4
　第三节　汉语史的历史分期及其代表文献 / 5
　第四节　汉民族共同语的形成路径 / 6
　第五节　树立正确的汉语史观 / 11
　　一、简化字古已有之 / 11
　　二、汉字理据性古今各有消长 / 12
　　三、古代汉语已有外来成分 / 12
　　四、古代汉语不死，方言俗语存焉 / 13

◉ 第二章　汉语语音史知识 / 15
　第一节　语音史知识的应用领域 / 15
　第二节　学习语音史的基础知识 / 16
　　一、元音和辅音及其区别性特征 / 16
　　二、汉语普通话语音结构分析 / 17
　　三、传统音韵学常用概念和术语 / 17
　　四、汉语语音史的材料和代表音系 / 26
　第三节　中古音与《广韵》音系 / 26
　　一、《广韵》的产生及其体例 / 26
　　二、考求《广韵》声韵类别的方法 / 28
　　三、《广韵》的声母和韵母 / 30
　第四节　从中古音到北京音的主要变化 / 34
　　一、汉语声母从中古到现代的发展 / 34
　　二、汉语韵母从中古到现代的发展 / 37
　　三、汉语声调从中古到现代的发展 / 40
　第五节　上古音与《诗》用韵 / 42
　　一、研究上古韵母的难点 / 42
　　二、丝联绳引法 / 42

三、谐声必同部 / 43
四、上古三十韵部系统 / 44
五、上古声母研究的主要结论 / 45
六、上古单声母系统 / 47
七、上古的声调 / 48

第三章　汉语词汇史知识 / 50

第一节　汉语词汇史的基础知识 / 50
一、词汇史的研究对象和研究方法 / 50
二、汉语词汇发展的三个阶段 / 51
三、汉语词汇史的历史宝藏 / 52

第二节　古今词义的发展与变化 / 54
一、本义、引申义和假借义 / 54
二、探求本义的主要方法 / 55
三、词义发展的主要方式 / 57

第三节　语音屈折造词——同族词 / 61
一、同族词及其判定标准 / 61
二、同族词在文字上的表现形式 / 63

第四节　句法造词——复合词 / 66
一、双音节复合词大量生成的条件和原因 / 66
二、双音节复合词的句法类型 / 67

第五节　其他造词法 / 72
一、叠音造词——重叠词 / 72
二、骈字造词——联绵词 / 74
三、音译造词——音译词 / 77
四、加缀造词——派生词 / 79

第六节　词汇更替的主要类型 / 84
一、单双音节式更替 / 84
二、避讳趋雅式更替 / 84
三、同义同类竞争式更替 / 85

第四章　汉语语法史知识 / 88

第一节　汉语语法史的基础知识 / 88
一、语法史的研究对象和基本概念 / 88
二、汉语语法发展的趋势 / 89

第二节　词类活用的衰减 / 89
一、名词用作动词 / 89
二、动词、形容词、名词的使动用法 / 90
三、形容词、名词的意动用法 / 91

　　　　四、名词用作状语 / 91
　　第三节　实词的虚化 / 92
　　　　一、动词虚化为动态助词 / 92
　　　　二、动词虚化为介词或连词 / 93
　　　　三、动词虚化为副词 / 95
　　　　四、形容词虚化为副词、介词、连词 / 96
　　　　五、名词虚化为副词 / 97
　　第四节　虚词的兴替 / 98
　　　　一、新词类的产生 / 98
　　　　二、双音节虚词的兴起和发展 / 101
　　　　三、助词动能的严密化 / 103
　　第五节　特殊语序的衰减 / 107
　　　　一、宾语前置 / 107
　　　　二、定语后置 / 109
　　　　三、介词后置 / 110
　　第六节　新的句法形式的产生 / 111
　　　　一、用"是"的判断句产生 / 111
　　　　二、用"被"的被动句产生 / 112
　　　　三、用"把"的处置句产生 / 113

第一章　汉语史知识概要

第一节　学习汉语史知识的重要性

现代汉语是从古代汉语继承发展而来的，总会保存时代的痕迹。汉语史是探索汉语历史发展规律的一门学科，它对于提高个人的汉语应用能力具有不可或缺的作用。学好汉语史知识不仅可以帮助我们更加深刻地理解古代汉语，还可以帮助我们更加准确地运用现代汉语。

在现代汉语书面语中存在着相当数量的上古文言成分，既保存在纯词汇中，也保存在很多文言虚词和文言语法结构之中。五四新文化运动中，很多知识精英虽主张废除文言建立新的国语，但并不一味排斥文言。比如，周作人、刘半农、钱玄同有以下观点。

周作人："古文不宜于说理（及其他用途）不必说了，狭义的民众的言语我觉得也决不够用，决不能适切地表现现代人的情思：我们所要的是一种国语，以白话（即口语）为基础，加入古文（词及成语，并不是成段的文章）、方言及外来语，组织适宜，具有论理之精密与艺术之美。"（《国语周刊》第十三期，1925 年 9 月 6 日）

刘半农："于白话一方面，除竭力发达其固有之优点外，更当使其吸收文言所具之优点，至文言之优点为白话所具。"（《新青年》第三卷第三号，1917 年 5 月 15 日）

钱玄同："制定国语，自然应该折衷于白话文言之间，做成一种'言文一致'的合法语言。"（《新青年》第四卷第二号，1918 年 2 月 15 日）比如说成语，很大一部分在先秦时代就已经产生了，后来一直活跃在汉语当中。大家可以很笼统地知道这些成语表达的意义，并且可以正确地使用这些成语，但要知其所以然，这就需要掌握一定的汉语史知识。

举个例子，"唯利是图""唯命是听"这类成语是我们经常使用的，其中不存在任何生字，但是要问这些成语是怎么构成的，则未必每个人都能答上来。我们来分析一下："唯"是个语气词，表示单一性、排他性；"是"是个指示代词，复指前置宾语；"利"，表示利益、好处；"图"表示图谋、追求。整个句式是上古汉语中表示宾语前置的一种常见格式，"唯利是图"就是"只图利"，可以翻译成"只要是利益就去追求"或"只顾追求好处"。"唯命是听"则是"只要是命令就听从"，可以翻译成"绝对服从"。

又如"实事求是"这一成语大家耳熟能详，然而多数人对其结构却不甚了了。该成语始见于《汉书·景十三王传》："河间献王德以孝景前二年立，修学好古，实事求是。"颜师古注："务得事实，每求真是也。""实事求是"是说河间献王刘德对搜集到的先秦古籍认真核实,务必求得正本真本。① "实事"即弄清事实,"求是"即求得正确的,两者都是动宾结构,这里的"是"不同于"唯利是图"中的"是",应是表示"正确"义的"是"。

像上面这些看起来很简单的成语,事实上却包含了很多汉语词汇史和语法史的知识。

学习汉语史还可以提高国人对社会中各种语言文字现象的理解力。比如"劝业场",国内有很多城市都有叫"劝业场"的百货商场。"劝业"者,鼓励实业的意思。《荀子》有篇著名的《劝学》,这里的"劝"也是"鼓励"的意思。劝业场在1949年以前基本上都是大城市中的综合商业大楼,最著名的有天津、北京、成都、武汉四个城市的劝业场。

今天在现代汉语的理解和运用中出现的问题,很多都是汉语史知识贫乏导致的。

如成语"绿草如茵",但有人偏要改作"绿茵如毯"。殊不知"茵"在古时指席子,引申后还可以指毯子,所以"绿茵如毯"是不成话的。

又如报纸上有这样的文句:"朔冷的北风"。作者如果知道朔方、河朔地区、朔方郡是什么意思,是不会闹出这种笑话的。"朔"在文献所见较早的意义有二:一是月相名,及与此相关的夏历,即每月初一;二是指北方。《说文解字》称:"朔,凡始之称。"中国古代把北方看作万物之始,因此称北方为朔方。河朔地区,在中国古代指黄河以北的地区,大体包括今山西、河北和山东的部分地区。河朔草原是位于阴山、贺兰山脚下肥沃的黄河草原,是历代兵家必争之地,也就是今天内蒙古河套地区的鄂尔多斯大草原。汉武帝曾在此建立城池,名为朔方郡,因为朔方郡正好位于长安城的正北方。因此"朔冷的北风"在语义上重复。

另外,汉语史知识作为国际中文教师汉语本体知识的重要组成部分,对于解决汉语教学中的实际问题有着特殊的意义。虽然中文学习者主要学习的是现代汉语普通话,但是这并不意味着汉语史的知识就不重要。事实上,现代汉语的很多问题仅凭现代汉语知识是无法解释的。原国家汉办《汉语作为外语教学能力等级标准》对高级证书获得者汉语本体知识水平的描述是:"应熟练掌握汉语语音、词汇、语法、修辞、汉字等现代汉语知识;掌握常见虚词、句式的意义和用法等古代汉语基本知识,掌握汉语发展的一般规律;应当形成完整的知识结构体系,并能够在教学实践中综合运用。"该标准之所以将古代汉语基本知识作为教师汉语本体知识的重要组成部分,就是考虑到对外汉语教学离不开汉语史的基本事实和结论。

大家都知道现代的语音系统不是凭空产生的,而是古音的继承和发展,这两者之间存在着系统的对应关系。事实上,不仅中国境内的汉语,就是中国周边的外国语和外族语,历史上也受到汉语的巨大影响,并曾使用汉字作为自己的文字。这些异域的汉字音在某种程度上与现代汉语普通话的标准音构成一种古今对应关系。比如韩国的汉字音是从古代中国方言借去的,从某种程度上说,这些韩国汉字音本质上和各种汉语方音是一样的。韩国学生在学习汉语时,往往会自觉不自觉用本国的汉字音去认读汉字,造成汉语学习的韩汉音迁移。如很多韩国学生都容易把唇齿音 f 误发为双唇音 b、p,这事实上反映的是汉语古音的特征。语音史告诉我们古代轻唇和重唇不分,后来的唇齿音 f 是依据一定条件由双唇音 b、p 等分化而来。明白了这种对应规律,我们就可以利用一种纠正方音的方法引导学生训练发音,并最终改正语音偏误。对外汉语教师大可以利

---

① 龚嘉镇."共商国是"和"实事求是"中的"是"[J].辞书研究,1998(4):149-151.

用音韵学中语音演变的规律,寻找类似的域外方音和普通话的对应关系,以便于留学生更好地学习和掌握普通话。

再说词汇。对外汉语所教授的现代汉语词汇都是历史上逐步形成的,除去一些"原始名称"以外,大多数词都有其内部形式或者造词理据可寻。① 教学实践证明:讲清词语的内部形式、造词理据,对于成人学生理解、掌握词语有着格外重要的意义。例如"聪明"这个合成词,有的老师仅从整体上加以解释,学生也囫囵地记忆。有的老师有一定的训诂学素养,可以分析语素义,他就告诉学生:"聪"指耳朵听力强,"明"指眼睛视力好,"聪明"的内部形式实际上是"耳聪目明"。这样一解说,学生马上建立了一种形象的理解,知道了聪明的人、智力发达的人必然"耳聪目明"。② 汉语中还有着大量的近义词,它们之间的区别往往是外国学生学习的难点和老师解释的难点,而对这些区别义的阐释有时可以从古代训诂中找寻答案。比如"争论"和"争执",两者都有"各执己见"的意思。"争",段玉裁注《说文解字》云"引之使归于己"。两词的意义差别体现在"论"和"执"上。《说文解字》云:"论,议也。"这说明"争论"指双方尚能在一起就分歧进行辩论。"执",《说文解字》云:"捕罪人也。"段玉裁注:"引申之为凡持守之称。""争""执"连用,说明争论双方态度已经敌对,互不相让。现在很多学者都提出要在词汇教学中开展语素教学,然而大量的语素义为现代不常用的古词古义。看来,要真正发挥语素教学的长处,还必须提高教师的汉语史知识修养。

再说语法。古今语法变化不大,古代的某些语法格式,到后来虽走向萎缩,但却保留在某些现代汉语书面语中。可见教师能否熟练地讲解清楚常见虚词、句式的意义和用法,对于学生理解掌握现代汉语来说是有意义的。此外,某些现代汉语的语法问题,固然可以从共时层面上加以解释,但更加完满的解释则需要从汉语史的层面中找答案。蒋绍愚先生曾举过一个非常好的例子:为什么只能说"他是小王的老师",不能说"他是小王的教师"? 陆俭明先生运用配价语法给出的解释是:"教师"是一价名词,只能有一个论元"他";"老师"是二价名词,可以有两个论元。蒋从汉语史的角度着眼,发现"老师""教师"虽然都有一个语素"师",但是这两个"师"实际上是不同的。"老师"古代就称"师",是传道授业的人,所以总是和被传授的人分不开的。《礼记·文王世子》:"师也者,教之以事而喻诸德者也。""老师"最早见于《史记·孟子荀卿列传》:"齐襄王时而荀卿最为老师。"这个"老"是"年老"的意思。现代汉语中的"老"是词头,但"师"仍是这个"师",所以"老师"是二价名词。"教师"的"师"表示一类有某种技能的人,如古代有"渔师""罟师",现代有"厨师"。左思《吴都赋》有"篙工楫师",吕向注:"工,谓所善,师,谓所长。皆使其驾行舟者。""教师"在元曲中可以见到。张国宝《罗李郎》有"人都道你是教师,人都道你是浪子。"意思是教习歌舞技艺的人,到清代才指传授知识的人。"教师"和"罟师""厨师"一样是一种职业,所以是一价名词。③ 因而就不能出现"他是小王的教师"这类的句子。

最后说下汉字。汉字的学习一直是外国学生学习的难点。解决汉字学习难的根本

---

① 张永言.关于词的"内部形式"[J].语言研究,1981(1):9-14.
② 董为光.揭示词语构造的深层意义——对外汉语词汇教学散论二[J].语言研究(增刊),2000:215-219.
③ 蒋绍愚.关于汉语史研究的几个问题[J].汉语史学报,2005(1):1-12.

出路就在于找到符合汉字规律的教学方法。现代汉字里，以形声字为主，"形声相益"的构形特征体现了很强的理据性，为学习者认读汉字提供了很大的便利。在这方面，传统小学中的六书理论是认读汉字的一件法宝。此外"右文"说由于关注字与字间的音义联系，对汉语教学也不无启发。所谓"右文"说，实际上是传统音韵学与六书理论相结合的一个产物，它主张从声符推求字义，认为声符相同的一组形声字具有共同的意义，这一意义由声符赋予，意符只决定该字所表示的一般事类范围。"右文"说纠正了长期以来人们只把形声字的声旁看作标音符号的偏见，便于人们通过分析汉字构造去建立词源相同的字族。如："昏"字的本义为"日色昏暗"，后又孳生出"惛、僒、婚"等字。在"昏暗、混乱"的意义上，这几个字本是一词。《白虎通·嫁娶》："婚者，昏时行礼，故曰婚。"这几个形声字的声符"昏"既能表音，又能表义。在汉字教学中，这些分析有助于展示汉字的系统性和理据性，可提高识字效率。由以上诸例可知，有一定的汉语史知识储备应是国际中文教师的基本素养之一。

王力先生曾指出：我们研究汉语史，眼睛是向前看的，不是向后看的，我们回顾是为了更顺利地前进。汉语史研究的终极目的并不限于解读历史文献本身，还应该有助于解决现代汉语和国际中文教育中的实际问题。

第二节　汉语的祖先及其亲属语言

汉语属于汉藏语系，来自原始汉藏语。"汉藏语系"的提法是仿效"印欧语系"的提法类推出来的。

根据历史比较语言学的观点，如果两种语言有大量的基本词汇存在系统的语音对应关系，即便这些对应词如今的语音形式相差甚远，它们仍旧可能来自同一种语言。早在两百多年前，人们就发现了印度的梵语与欧洲的古拉丁语、古希腊语等语言之间有着广泛的相似性，比如它们在常用的数字词方面存在明显的语音对应和近乎相似的形态变化，这些情况很难用词汇的借用来解释，而只能假想它们来自同一种语言的分化，即原始印欧语的分化，这就是印欧语系的假说。语系正是19世纪在研究印欧语系各语言之间历史关系的过程中建立起来的一个概念。根据语言之间亲疏关系的远近，语系之下还可以再分语族、语支、语群、语言、方言等。

除了印欧语系，世界上的各种语言按其亲属关系还可分为汉藏语系、乌拉尔语系、阿尔泰语系、闪含语系、高加索语系、达罗毗荼语系、南岛语系、南亚语系以及其他一些语群和语言。

大家之所以普遍认同汉藏语系这一名称，是因为在古汉语与古藏语中可以找到很多相似的音韵特征和为数可观的同源词。以李方桂、罗常培为代表的多数学者都认为，汉藏语系包括汉语（汉语官话及各大汉语方言）、藏缅语（代表有藏语、彝语、缅甸语等）、侗台语（代表有侗语、壮语、泰语等）和苗瑶语（代表有苗语、勉语等）四个语族。① 这一分类事实上很大程度上源于上述语言在结构类型上有一些共同的特点，如：多有辨别意

---

① ［美］李方桂.中国的语言和方言[J].梁敏，译.民族译丛，1980(1):1-7.

义作用的声调,多用语序和虚词表示语法关系,内部形态变化相对较少,构词语素多为单音节,量词比较发达。

以白保罗为代表的国外学者大多对李、罗的分类持异议,认为汉藏语系只包括汉语族和藏缅语族,侗台、苗瑶两语族应归属于南岛语系。近年来,有些学者调和两者之间的分歧,提出汉语、南岛语同源的观点,甚至主张将汉藏语系与南岛语系(如印尼语、马来语)乃至南亚语系(如越南语、孟高棉语、佤语)合并,组建一个更大的上位语系,称作"华澳语系"。①

学者在汉语与哪些东南亚语言存在亲属关系这个问题上之所以存在分歧,关键原因在于无法将接触关系和同源关系完全区分开来,毕竟同一地区的不同语言因语言的相互影响而产生相似性,这是很正常的。比如越南语既有声调,又有大量的上古汉语借词,并与上古汉语声韵存在一定的对应,故而很多学者都把越南语视作与汉语关系最为亲密的汉藏语代表。而随着研究的深入,大家认为越南语的声调是一种后起的语言特征,越南语起初可能是一种没有声调的南亚语。

第三节 汉语史的历史分期及其代表文献

王力先生以语法作为主要依据,对汉语的历史分期提出了一个初步的意见,即:公元 3 世纪(北方游牧民族内迁以前)以前为上古期,公元 3 到 4 世纪为过渡阶段;公元 4 世纪到 12 世纪(南宋前半)为中古期,公元 12 到 13 世纪为过渡期;公元 13 世纪到 19 世纪(鸦片战争)为近代;20 世纪(五四运动以后)为现代。②

王力先生的分期有三大特点,一是倾向于将中原政权遭到外敌入侵的重要时间作为分界点;二是把上古期、中古期的时间跨度拉得很长。针对上古期可能涵盖史前的问题,王力先生也曾提出把甲骨文以前的时代叫作太古期,但这仍旧改变不了上古期过长的情况。周祖谟先生主张以西周灭亡、平王东迁为界,将上古期一分为二,上古前期为商代至西周末年,上古后期为东周至秦汉;针对中古汉语下限较晚的问题,吕叔湘先生主张以晚唐五代为界,其后均可视为近代汉语发展期。

上古前期的主要文献有商代的甲骨卜辞、西周的铜器铭文,还有《诗》《尚书》《周易》中的部分内容。该期的汉语文句简短,前置虚词复杂,复音词较少,无法成为后代文言文的典范,但其基本词汇和语法结构与春秋战国时期基本相同。

上古后期的文献则非常广泛,如《论语》《左传》《庄子》《孟子》《楚辞》《淮南子》《史记》《汉书》等。这一时期也是中国古代书面语的形成期,其特点有:总体上单音词居多,复音词呈增长趋势;文言虚词逐渐完备;判断句一般不用系词;否定句、疑问句的代词宾语要放在动词前。

中古以后言文分家的趋势愈发明显,能代表口语的主要文献有《世说新语》、《齐民

---

① 潘悟云.对华澳语系假说的若干支持材料[M]//著名中年语言学家自选集 潘悟云卷.合肥:安徽教育出版社,2002:127-180.
② 王力.汉语史稿[M].3版.北京:中华书局,2015:35.

要术》、唐代变文、汉译佛经等。其特点有：判断句中的系词成为必需的句子成分；否定句、疑问句的代词宾语普遍置于动词后；用"将""把"表示的处置式产生；用"被"表示的被动句普遍应用；结构助词"底""地"等产生；动词"着""了"开始虚化为语法词；外来词、复音词大量产生。另外，很多近代汉语的口语成分已经在中古中晚期文献中露出了一鳞半爪。

近代的主要文献有宋元话本、元代杂剧、明清小说等。其特点有：声韵系统逐步简化，北方入声消失；先后从蒙古语、满语、西洋语言中引进外来词；"着""了"的分工逐步清晰；结构助词"的"普遍使用；"吗""呢"等语气词逐渐形成。

第四节　汉民族共同语的形成路径

当前我们使用的汉语共同语是普通话，它是如何一步步形成的呢？下面试着梳理一下汉民族共同语的形成路径。

根据现有的文献资料和考古成果，可以大致肯定：汉民族文明的摇篮在中原地区，汉语的发祥地也应该在中原地区。汉语首先是汉族人民的语言，它的基础在夏商周的时代就奠定了。

夏是中国历史上第一个有文献记载的比较可靠的朝代。夏王朝的统治范围，根据目前的考古发现，只限定在河南、山西等黄河中游一带。汉语的发祥地，也应该在河南一带，也就是我们所说的中原地区的核心区域。该核心区域的周边地区应该都不是讲汉语的，但不排除这些语言有些同汉语存在亲属关系。在夏商周三代中，商代才开始有比较可靠的文字记载，我们能追溯的汉语最早的情况只能从商代的甲骨卜辞和铜器铭文中去考察。

在汉语发展史上，汉民族共同语大致经历了：雅言——南北方通语——官话——国语——普通话这几个发展阶段。

这里的雅言指的是商代的殷话和周代的洛邑话；南北方通语指的是两汉及魏晋南北朝的洛阳话和金陵话以及后来唐宋元时代以洛阳为中心的中原话；官话指的是明初的金陵话和清代的北京话；国语和普通话是目前海内外全体中国人和华人华侨通用的民族共同语。

距离现在3000多年前的商代社会是一个奴隶社会，并且已进入铜器时代，有比较成熟的甲骨文字。商代的统治范围很广，但是中心仍然在河南一带。商代语言随着社会的发展而发展。商王定都殷墟（今河南安阳）以后，逐渐形成了以殷墟为中心的共同语，并且日益扩大影响，影响到邻近的臣服的部落。商代甲骨文是这一时期共同语的书面语，虽然不及后代丰富完备，但是现代汉语的一些基本要素在这个时期已经奠定了。在商代，长江流域也平行存在发达的非中原的文明，但这些人群可能还不会说汉语。

周王朝在商王朝的西北部，跟商王朝应该属于不同的部族，文化上商王朝影响了周王朝。武王灭商以后，周王朝为加强东部的统治，在今天洛阳新建了成周这个统治中心,从而形成洛阳和镐京(今陕西西安)两个政治中心。辅佐周成王的周公旦,他的驻地就在洛阳。商周两族的人民在洛阳杂居,原先差距并不太大的语言开始进一步融合。商族人口也多,文化水平也高,政治上取得胜利的周人实际上接受了商人的文化,也接受了商人创造的文字。提倡周礼的孔子其实也是商代王室的后裔。西周时洛阳的文化地位要高于镐京。东周时期洛阳则成为唯一的政治文化中心,周商两族的语言进一步融合,当时的洛阳方言很自然便成为全国的标准音。陕西出土的周代的甲骨文、金文跟商代的甲骨文在结构上极其相似,词汇上也相差无几。这说明以洛阳为中心的中原地区已经形成了一种共同语言,也就是雅言。

雅言的形成和周王朝实行的分封制度和朝觐制度关系比较密切。周初,先后分封的诸侯国有 130 多个。春秋以后,各诸侯国互相攻伐,大诸侯国逐渐吞并了小诸侯国,比如晋国就先后吞并了周边 20 多个国家,几乎统一了汾河流域。西方的秦国、东方的齐国也是如此。与这种政治形势相适应,原先各个小国用的小方言,逐步被整合成相对稳定的几种大方言。与此同时,周王朝最初为天下的宗主,拥有制礼作乐、统一标准的大权,拥有语言上的政治优势。另外,各诸侯国定期要向周王朝觐,诸侯国之间的交往也很频繁,商业的发展以及城市的出现,这些促成了一种各地都能够通行的共同语,也就是雅言的形成。

总体来说商代的殷话影响力较小,主要在黄河中游地区,只限河南和陕西、山西等部分地区;周代初年洛阳话的口语影响范围比商代要广,但仍未扩展到长江流域以南。从先秦至两汉,华夏族和汉民族共同语的语言基础在黄河流域。如果把《诗》的语言视作先秦时期黄河流域华夏族的雅言,"十五国风"流行的区域自当属于后来标准的中原汉文化区,然而十五国周边的区域,即所谓东夷、南蛮、西戎、北狄,他们的语言起初都是大大有别于中原地区的,两地之间往往要通过翻译才能交流。

《荀子·荣辱》:"越人安越,楚人安楚,君子安雅。"一直到东周,当时南方一等大国楚国治下的广大区域很多并不通行雅言。汉代扬雄的《方言》所录的数百条楚地词汇也与北方通用语多有不同。我们相信:处于楚国、吴国、越国等外藩诸侯统治下的普通百姓可能都不熟悉雅言。但他们的上层统治者可能会讲会写。比如《说苑·善说》里记载了一首两千五百多年前诞生的《越人歌》,讲的是楚地的鄂君子晳在他的封地鄂,泛舟湖上,为子晳撑船的越人用方言唱了一首歌。他的歌词,子晳一句也听不懂,一位懂得楚语的越人给子晳做了翻译。《越人歌》原文用汉字记音有 32 字,即"滥兮抃草滥予昌枑泽予昌州州𩜁焉乎秦胥胥缦予乎昭澶秦逾渗惿随河湖"①,显然不像汉语,译成楚辞的形式后,用了 54 个字,竟多了 22 字:"今夕何夕兮,搴中洲流。今日何日兮,得与王子同舟。蒙羞被好兮,不訾诟耻。心几烦而不绝兮,知得王子。山有木兮木有枝,心悦君兮君不知。"唱这首越人歌的是今天湖北中东部地区的原住民越人。他们的歌词,即便是称作"南蛮𫈉舌之人"的楚人也听不懂。所以,作为上古汉语通用语的雅言从一开始即为称作蛮夷的异族的语言所包围,在它扩张其语言领土成长为汉帝国的通用语的过程中,又不断从周边民族语言中吸收营养。

---

① 该歌词被转引多次,异文较多。今从四部丛刊本。

春秋战国时期,是雅言传播发展的重要时期。各诸侯国之间的战争和外交活动频繁,人民迁徙,民族杂居,学术发达,百家争鸣,都促进了雅言的传播和发展。春秋294年间,诸侯朝聘盟会等外交活动多达450次,在这些外交场合中,各国代表都要赋诗言志,引用《诗》来表情达意,他们共同使用的只能是雅言。诸子百家各学派的著作语言上基本一致,连南方的《楚辞》与中原的语言差异也非常小。战国晚期才成书的《楚辞》,它的押韵系统和《诗》95％以上都是一样的,可见《楚辞》主要还是用北方雅言所写,只不过保留了一些南方的方言词。这些都说明,雅言作为汉语共同语在进入战国以后已经扩展到长江流域。

秦始皇统一中国,实行中央集权制和郡县制。秦始皇命令李斯创制小篆,实行书同文的政策,罢其不与秦文合者,书面语言才真正得到统一。书面语的统一也会在一定程度上促进口语的统一。汉代共同语的基础仍旧是中原河洛一带的语言。长安(今陕西西安)虽然是西汉的首都,但刘氏朝廷成员大都不是关中人,也并非陕西人。刘邦原先选定的首都在洛阳,后来出于防御目的才另选了长安。在西汉,地方割据形势一直很严重,长安方言没有成为共同语的基础。东汉迁都洛阳,洛阳成为政治和经济中心,洛阳语音也就进一步保持了共同语标准音的地位,这种情况一直延续到西晋。汉族和汉语的称呼都和汉代关系密切。汉代的两大政治举措对汉语的影响巨大。首先,汉武帝罢黜百家,促进了儒家经典的传播和书面语言的规范化,书面语言的规范化又不可避免地促进了共同语的传播。其次,大汉帝国开疆拓土,与中亚、西亚各地联系日渐紧密,大量西域的名物用词,如葡萄、苜蓿、玻璃等先后进入汉语。西汉末,佛教传入中土,其后数百年佛教的借词或译词源源不断地进入汉语书面语和口语中。这些都改变了先秦的汉语原貌。

魏晋南北朝,中国经历了长期分裂的局面。北方成为少数民族统治的地区。这种形势对南北方的汉语发展都带来了重要的影响。

一方面中原汉族人民和少数民族杂居,促使民族之间发生大规模的融合,许多少数民族的人汉化了。比如说唐代大诗人元稹、唐太宗的长孙皇后,都是鲜卑族的后代。这种情况也使汉语得到大规模的推广。其中洛阳成为北方许多王朝的首都,洛阳话一直保持着共同语标准音的地位,而且得到进一步的推广。很多的少数民族改用汉姓,使用汉语,已经跟汉族没有太大区别。少数民族的统治者有的还积极推行汉化,如《魏书·咸阳王禧传》记载了北魏孝文帝拓跋宏的语言改革:

  今欲断诸北语,一从正音。年三十以上,习性已久,容或不可卒革;三十以下,见在朝廷之人,语音不听仍旧。若有故为,当降爵黜官。

这里的北魏孝文帝所要尊崇的正音正是洛阳一带的语音。当然,近百年的少数民族统治,导致北方的汉语共同语也受到北方少数民族语言的影响。

北方游牧民族内迁另一方面的影响是,以洛阳一带语音为代表的共同语大量传播到东南地区。洛阳是东汉、曹魏、西晋的政治文化中心。而东晋时南迁到南方的士族高门很多都出自洛阳。跟随他们南迁的还有大量普通的北方百姓。东晋、南北朝时期南方的达官显贵都是以洛阳及其近旁的方言为标准音的。现在的客家话,就是晋代从北方传播过去的。客家人的祖辈原是中原汉族,他们的语言中保留了中古汉语的很多特征。南方多个朝代，以金陵也就是今天的南京为首都。于是金陵话成为南方另一种共同语的基础。金陵话与洛阳话本来就有着密切的继承关系。一般认为，南北朝时，北方话受到外族语言的影响，南方话受到吴语的影响。明代陈第《读诗拙言》："而河淮南北，间杂夷言，声音之变，或自此始。"陈寅恪："至金陵士族与洛下士庶所操之语言虽同属古昔之洛阳音系，而一染吴越，一糅夷虏，其驳杂不纯又极相似。"①

隋唐时期，中国又形成了大一统的局面。隋唐开始有了科举选拔制度，其中的进士科要考诗赋。由于考试需要，唐代出现了很多韵书和音义之书，它们对于汉语共同语的规范化和传播都起着非常重要的作用。唐代语音的标准还是洛阳一带的语音。唐初以洛阳为"神都"，高宗、武后、中宗、玄宗、昭宗都以洛阳为东都，这是文人荟萃的地方，也是重要的文化中心和政治中心。在唐代学者的心目中，洛阳语音乃是天下的正音。唐代李涪《刊误》："凡中华音切，莫过东都，盖居天地之中，禀气特正。"唐人的正音意识非常强。晚唐诗人胡曾是湖南人，他曾经写诗讥讽出身北方的妻子语音不正，这一方面说明唐代的文人士大夫有很强的正音的意识，另一方面也说明北方有些地方的语音正在被胡化，正在发生剧烈的变动，相反南方的通语则比较保守。

北宋以汴梁（今河南开封）为首都，开封离洛阳很近，洛阳在文化上的地位依旧很高。南宋政治中心移到了杭州，但是杭州只能称为行在，是临时首都，宋人在心理上还是将洛阳当作首都。当时跟随南宋皇帝到南方的北方移民特别多，所以洛阳音还是天下正音。宋代陆游："中原惟洛阳得天下之中，语音最正。"

元代存续时间短，民族众多，民族隔阂重，双语流行，只有中原汉音在四方可以通行。当然当时元代的汉语已经混入了较多的蒙古语，后来蒙古人北归以后，很多词都从汉语中消失了。元代孔齐《至正直记》："北方声音端正，谓之中原雅音，今汴、洛、中山等处是也。"

明代官话的方言基础并不是北京话，而是南京话。明代最初建都南京，全国大一统的政权第一次建立在南方，政治中心和文化中心统一到了一起。原先作为南方通语的基础方言金陵话同时具有了政治优势和文化优势。汉民族共同语的方言基础发生了由北方向南方的转移，形成了官话。后来永乐皇帝朱棣迁都北京，带了 40 万南京移民到了北京，南方来的移民人数甚至超过了北京城原住民。永乐皇帝虽然迁都北京，但是仍保留了南京的都城地位，并在南京保留了与京师一样的中央机构，以方便南北方管理。所以整个明代，南京话仍是官话的标准音。关于这一点，鲁国尧先生提到了《利玛窦中国札记》中记载的明朝万历年间的一个小故事，它就很能够说明问题：

意大利传教士利玛窦和西班牙传教士庞迪我搭乘明代的官船从南京到北京去，同船的明代宫廷太监在知晓庞迪我神父缺乏好的汉语教师的尴尬处境后，特意将在南京买的一个男孩作为礼物留给了神父们，因为这个男孩可以教庞迪我神父纯粹的南京话。利马窦和庞迪我都是最早获准居住在北京的外国人。九年后进京面圣的利玛窦死在了北京，当时庞迪我的汉语已经非常好了，他为了向万历皇帝请求赐给利玛窦墓地，连连奔走于官府，与众多的大官僚周旋，全都靠庞迪我一个人，说明他的官话已经非常娴熟。

---

① 陈寅恪.从史实论切韵[G]//国立北京大学五十周年纪念论文集　文学院第十二种.北京：北京大学出版部，1948：1-18.

那个南京小孩的语音应该就是明代官话的标准音。①

另外,周边国家汉语教学的一些史料也可以作为证据,比如日本从江户时代到明治初年,时间几乎贯穿明代和清代的大部分时间,汉语教学学的都是南京话,不是北京话。琉球的人来南京或北京学的也是南京话。所以,李新魁认为清代中叶以后北京语音才提升到汉语共同语标准音的地位。② 张卫东推断官话标准音由南京音转变为北京音的时间在1859年以前。③

北京音替代南京音并非一蹴而就。今天的北方汉语吸收了大量非汉语的成分,南方汉语保留了更多传统汉语的特点。重传统的汉族社会起先并不愿意接受北京官话。清代雍正皇帝在召见福建籍官员时,常常不知其所云,这类君臣交流问题,曾让雍正大伤脑筋。于是雍正曾要求福建、广东设立"正音书院"。所谓"正音"就是矫正语音,要求秀才、举人要学习京音。但是后来都很难坚持下去,上千所正音书院后来几乎都废弃了。一直到清末,得到光绪皇帝召见的梁启超也不太会讲北京官话,两人直接交流时也困难重重。

民国时汉语共同语叫作国语。其实这种说法从清末就开始了。受到日本明治维新的影响,在清末的最后10年,很多开明人士就已经提出过统一国语的问题。参加过百日维新的王照曾模仿日文假名,采取汉字偏旁或字体的一部分,制定了一种汉字拼音方案,名为"官话合声字母"。这应该是中国第一套汉字笔画式的拼音文字方案。

1902年,京师大学堂的总教习吴汝纶去日本考察学政,看到日本推行国语(东京话)的成绩,深受震动,回国后就写信给管学大臣,主张在学校教学王照的"官话合声字母",推行以"京话(北京话)"为标准的国语。1911年辛亥革命爆发前,清政府曾召开中央教育会议,通过《统一国语办法案》,开始着手审定国语标准,编辑国语课本、国语辞典和方言对照表等。

清代灭亡后,民国刚刚建立,北洋政府就召开中央临时教育会议,决定先从统一汉字的读音做起,先召开读音统一会。1912年12月,蔡元培任总长的中华民国教育部成立读音统一会筹备处,吴稚晖任主任。1913年2月15日,读音统一会在北京召开,会议按"京音为主,兼顾南北"的原则共审定了6500多个字的标准读音。这是中国近代语文改革史上一次非常重要的会议,对后来汉语的演变和发展有着深远的影响。此次读音统一会按"一省一票"的原则进行投票,因为江浙人太多,不得不迁就南北和古今,造成一种混合的标准国音,如区分尖团音、保留入声等显然与京音相抵触,最终结果就是南方北方都不认同这一标准。看来,简单地采用多数表决法是无法制定出真正的国音的。1919年4月21日,北洋政府成立国语统一筹备会。1919年9月,编辑出版了《中华民国国音字典》。1920年,由于《中华民国国音字典》语音标准与北平语音标准产生矛盾,爆发了"京国之争"。同年,南京高等师范学校(今南京大学)英文科主任张士一发表《国语统一问题》,认为注音字母连同国音都要做根本的改造,不认同旧国音,主张以北平音为国音标准。1923年由国语统一筹备会成立的国音字典增修委员会决定国语

---

① 鲁国尧.明代官话及其基础方言问题——读《利玛窦中国札记》[J].南京大学学报(哲学·人文科学·社会科学),1985(4):47-52.
② 李新魁.汉语共同语的形成和发展(下)[J].语文建设,1987(6):11-18.
③ 张卫东.北京音何时成为汉语官话标准音[J].深圳大学学报(人文社会科学版),1998(4):93-98.

的标准音为北京语音,即所谓"新国音"。1932年,中华民国教育部正式公布并出版《国音常用字汇》,指定北平语音为国语拼音和声调的标准,为确立国语的标准提供了范本。但是这种标准音也并非字字遵守土音,应该是受过一定教育的人在交际讲学时所用的普通话。1935年,商务印书馆出版了赵元任先生编著并录音的《新国语留声片课本》,该书一改他于1922年出版的《国语留声片课本》中的旧国音,至此国语推广正式步入科学发展的轨道。从旧国音到新国音是国语运动史上一次根本性的改变,新国音的成功确立为新中国成立后推广普通话工作做了积极的铺垫。

1955年10月15日至23日,教育部和中国文字改革委员会在北京共同召开了全国文字改革会议,教育部长张奚若做了《大力推广以北京语音为标准音的普通话》的报告。1955年10月25日至31日,中国科学院哲学社会科学部召开了现代汉语规范问题学术会议。会议指出普通话以北方话为基础,以北京语音为标准音符合汉语的实际情况。1956年2月6日,国务院发布《关于推广普通话的指示》,同年3月,国务院正式成立推广普通话工作委员会,统一领导全国的推广普通话工作。它的日常工作,由中国文字改革委员会、教育部、高等教育部、文化部、中国科学院语言研究所分工进行。70多年来普通话的推广和普及工作为社会进步和国家减贫做出了巨大贡献。截至2020年,全国范围内普通话普及率达到80.72%。"扶贫先扶智,扶智先通语",在取得推普扶贫阶段性成果的同时,我们还应看到,目前我国东西部之间、城乡之间、发达地区和贫困地区之间,普通话普及程度仍不平衡,进一步推广普及普通话任重而道远。

第五节　树立正确的汉语史观

现在的语文学习者多接受的是简化字和普通话的教育,其汉语史观容易产生偏差,因此要树立正确的汉语史观。

一、简化字古已有之

正如王力先生所指出的,"今天我国通行的简化字,绝大部分都是历代相传下来的"①,中华人民共和国成立后真正新造的字非常有限。李乐毅统计的结果是:80%的简化字是古已有之的。② 部分简体字形,古人不仅使用过,而且在传世的古籍中还很常见。当然古代这些简体字形的实际使用域普遍要比现代要窄,如:

古代地支名用"丑","醜恶"用"醜",现在统一用简化字"丑"。
古代"田里"用"里","表裏"用"裏",现在统一用简化字"里"。
古代"山谷"用"谷","百穀"用"穀",现在统一用简化字"谷"。
古代"几案"用"几","幾何"用"幾",现在统一用简化字"几"。

另有些今人误认的简化字,实则并非古代繁体字的简化,也未收入《简化字总表》,而是古已习用。如作介词的"于",先秦时就写作"于",后来作"乌鸦"讲的"於"也用作介

---

① 王力.汉语史稿[M].3版.北京:中华书局,2015:175.
② 李乐毅.80%的简化字是古已有之的[J].语文建设,1996(8):26.

词,"于"和"於"遂一并作为介词并行于文献中。两者在古代就不完全重合,如作为不同的姓氏,两者发音一为 yú,一为 wū。中华人民共和国成立后推广简化字,人们用笔画更简单的"于"字作介词,"於"则有其他的使用情境。

可见,弄清楚今天简化字在常见古籍文献中的使用情况,是语文阅读的重要组成部分。唯有弄清古人真实的文字使用规则,才不致出现"圣人故裹""玖球天後""實木茶幾"等繁简失当的书写笑话。

二、汉字理据性古今各有消长

汉字的理据性表现为部件和部件组合与字音、字义间的联系。文字保有一定的理据性对于阅读理解有着积极正面的作用。

通常我们认为繁体字古朴典雅、理据性强,是学习古汉语、传承古代文化的最佳文字形式。然而繁体字的古朴典雅实则是生僻罕用所致,正所谓"世之罕道者似雅"。而说繁体字理据性更强,则有以偏概全之嫌。今人喜用繁体字"愛"有"心"而简化字"爱"无"心"来论证简化字理据性弱,实则说服力不强,因为"愛"原本释为"行貌",本无"慈爱"之义。繁体字中形声皆备者如燈(灯)、頭(头),象形会意者如鬥(斗)、雙(双),倒是在理据性上胜过对应的简化字。

然而相当一部分简化字非但没有减损汉字的理据性,有些还增强了汉字的理据性。会意字中如繁体字"塵"原以"鹿行扬尘"来会意,反而不及简化字"尘"以"小土"会意来得简单明了。在形声字的简化中,如"擔"简化为"担"、"態"简化为"态"、"戰"简化为"战",简化字的表音都比之前的繁体字更加精准。所以,汉字的理据性实际上是古今各有消长,是损益共现的。

古汉语首先是语言,文字只求忠实地记录它的音义即可。古汉语的文字形式能尽量存古自然最好,然而这却颇难做到。因为先秦古籍的原作者们很多是使用隶变之前的古文字来写作的,而现今的线装古籍保存的却是汉代以后习用的隶变字体,算不得真正的存古。既然不能存古,就一般只求了解文义的阅读者而言,倒不妨追求简捷、通用、普及,就用简化字。中华书局出版的简化字版"二十四史",即以繁体字点校本"二十四史"为底本,聘请专家学者,按照国务院公布的《汉字简化方案》和国家语言文字工作委员会的有关规定,结合古籍整理的具体要求,对中华书局版繁体字本"二十四史"进行字体简化整理,大大地方便了中青年读者的阅读和学习。所以,坚持古籍文本繁体、简体双轨制,既是高效地传承普及祖国优秀传统文化的需要,又是对中国内地识繁用简的实际文字运用状况的尊重。

三、古代汉语已有外来成分

除了极少数与世隔绝的民族,大多数的语言会从其他的民族语言中引进、吸收各种外来概念和外来词,用音译和意译的形式将其化为己用。一般认为,鸦片战争后,中国国门大开,大量西洋词汇和日语词汇在坚船利炮的军事武装掩护下大量进入近代汉语的词汇系统。白话文运动后,现代汉语亦敞开怀抱,主动学习和吸收外语特别是英语中的词汇。

实际上,古代汉语在有文献记载的漫长历史时期里早已吸收过很多的外来词。

前文已经提到华夏族的雅言从一开始即为称作蛮夷的异族的语言所包围,在它扩张其语言领土成长为汉帝国的通用语时,又不断从周边民族语言中吸收营养。这些被吸纳的异族的语词,最初很容易被商周的后代所感知,但通行日久,便与华夏族固有的词汇水乳交融,想要弄清楚它们的异族血统并非易事,现只能根据汉代文献了解其大概。如今,汉藏比较语言学的研究已经证实了越来越多的先秦古词实为源自其他汉藏语或南岛语的外来词。

汉代以降,中原帝国开疆拓土,与中亚、西亚各地联系日渐紧密,大量西域的名物用词,如"葡萄""苜蓿""玻璃"等先后进入汉语。西汉末,佛教传入中土,其后数百年,佛教借词或译词源源不断地进入汉语书面语和口语中。此外,借助政治优势进入汉语的蒙古语词汇、满语词汇亦有不少。

综上所述,汉语并不是纯粹同质的语言,因此我们无法保证所有汉语词都能在汉语系统内求得完满的解释。如屈原所作《离骚》,何为"离骚",汉代人也不知所云。《史记·屈原贾生列传》:"故忧愁幽思而作《离骚》,离骚者,犹离忧也。"可"骚"释作"忧愁",在整个"骚"的词义系统中是个孤例,其外来的可能性很大。岑仲勉先生以为"离骚"来自古突厥语,不无这种可能。① 又如"戈壁""箜篌"本身都不是中原的名物,如果一定要强行解释,一定会造出望文生义的俗词源。

四、古代汉语不死,方言俗语存焉

语文学习者习惯于将所学文章区分为现代文和文言文。然而就实际语言而言,两者也并非泾渭分明。毕竟现代文中也不乏存古的文言词,而文言文之所以今天还能读解,很大程度上是因为其中仍有相当数量的古今通语。即便是非常生僻的文言用词,在现代语言中也并非完全湮没无闻。正如章太炎在《新方言·序》中所言,"今之殊言,不违姬汉",大量先秦两汉的书面语用词都以方言俗语的形式活跃在今天人们的日常语言中。章太炎的《新方言》、黄侃的《蕲春语》推乎言而知古语,都是针对方言俗语中的难通之语而展开考释,其最终考得的源头多出自先秦两汉《尔雅》《方言》《说文》等典籍。如"媪"原是老妇人的通称。先秦用例如《战国策·赵策四》:"老臣窃以为媪之爱燕后,贤于长安君。"章太炎在《新方言》中指出"山西平阳呼祖母曰媪",可见方言中该词仍有遗留。南方方言保留的古汉语词汇则更多,如"睇""泊""樽""箸""鼎"之类,在粤方言或闽方言中都还在使用。说上述方言的人群在阅读文言时确有少许优势可言,可资利用。

中国古代诗歌很讲究节奏和押韵,极富于音乐感。特别是唐代的格律诗极尽抑扬顿挫、曲折变化之妙,将诗歌的形式美提升到了相当的高度。可偏偏古今语音差异甚大,以现代普通话的语音去观照古诗词,形式美往往大打折扣。如《诗·郑风·子衿》:"青青子佩,悠悠我思。纵我不往,子宁不来?"以普通话语音去读,自然不押韵,然而以上海话读之,依旧韵味十足。平日我们接触的地方戏剧、地方音乐中的方言材料,存古者甚多,可在阅读古诗词时与之相互参照。

---

① 岑仲勉.楚辞注要翻案的有几十条(一名楚辞中之士突厥语)[J].中山大学学报(社会科学版),1961(2):58.

思考与训练

1. 结合自己的学习经历谈谈学习汉语史的实践意义。
2. 哪些文献是后代文学语言里文言文的基础?
3. 有人说中国南方地区的方言保存古音更多,更有资格成为汉民族共同语的标准音,你怎么看待这一说法?
4. 北京音是如何成为汉语官话标准音的?

本章主要参考文献

1. 国家对外汉语教学领导小组办公室.汉语作为外语教学能力等级标准及考试大纲[M].北京:北京大学出版社,2005.
2. 中国语文杂志社.国内少数民族语言文字的概况[M].北京:中华书局,1954.
3. 马学良.汉藏语概论(上、下)[M].北京:北京大学出版社,1991.
4. [美]白保罗.汉藏语概要[M].罗美珍,乐赛月,译.北京:中国社会科学院民族研究所,1984.
5. 周祖谟.文字音韵训诂论集[M].北京:北京大学出版社,2000.
6. 吕叔湘.近代汉语指代词[M].北京:商务印书馆,2017.
7. 王力.汉语史稿[M].3版.北京:中华书局,2015.
8. 章太炎.章太炎全集[M].上海:上海人民出版社,1999.
9. 黄侃.黄侃论学杂著[M].北京:中华书局,1964.

第二章 汉语语音史知识

第一节 语音史知识的应用领域

　　汉语史包括汉语语音史、语法史和词汇史三大分支。由于语音是语言的表现形式，汉语语音史知识相比汉语语法史知识和汉语词汇史知识来讲，显得尤为重要。

　　汉语语音史脱胎于传统小学中的音韵学。清初大儒顾炎武在《答李子德书》中曾说："读九经自考文始，考文自知音始"，意思是说研究儒家经典必须从考订文字入手，而经文的考订又必须从弄清古音起步。清代学者王念孙在《广雅疏证·自序》中提出了自己的主张，"训诂之旨，本于声音"，即音义的结合是第一位的，对意义的探求必须从声音出发，他还进一步提出了具体的训诂方法，"就古音以求古义，引伸触类，不限形体"，即"因声求义"的训诂方法。清代学者能在古代汉语词汇和词义的研究方面取得前所未有的成就，就是因为他们善于把音韵学研究成果运用于文字训诂。

　　除去对汉语史、文化史等专门学科的研究有重要作用之外，汉语语音史于我们当前的语言生活也有着非常重要的用途。20世纪的国语运动和普通话推广工作虽然都确定以北京语音作为标准音，但当时北京还有很多人把"侵(qīn)略"读成"侵(qǐn)略"，把"质(zhì)量"读成"质(zhǐ)量"，把"波(bō)浪"读成"波(pō)浪"，把"诊(zhěn)疗"读成"诊(zhèn)疗"，把"暂(zàn)时"读成"暂(zhàn)时"，显然这个时候只能从汉语语音史中寻找依据，选择那些合乎语音发展规律的字音作为标准音。今后我们还要继续审订现代汉语异读字的读音，语音史知识仍是我们进行汉语语音规范化的主要依据。

　　偏远地区和农村地区仍要大力推广普通话，纠正这些地区的汉语方音同样可以倚赖汉语语音史的知识。包括北京音在内的绝大多数汉语方言其实都源自隋唐古音，它们的音系都可以认为是中古《切韵》音系的简化和变形。如果我们学习了汉语语音的历史，我们就能找出方言与普通话的各种对应规律。按照这些规律去纠正方音，那就能达到事半功倍的效果。

　　在欣赏诗赋、戏曲等文学艺术作品时，语音史知识更发挥着不可或缺的作用。从先秦的《诗》《离骚》，到晚近的唐诗、宋词、元曲，中国诗歌格外讲究节奏和押韵，富于音乐感。特别是唐代的格律诗，为了极尽诗句乐感的抑扬顿挫、曲折变化之妙，古人有意将平上去入四声分成平仄两类声调，规定了严格的交替格律。因此，如果没有一定的音韵学修养，就无法全面准确地理解和欣赏古代诗歌。

　　鉴于语音史知识在文学、方言学、应用语言学、文献学、考古学、民族学、人类学以及其他领域的广泛应用,大型中文工具书如《汉语大字典》《辞源》《汉语大词典》等标注了中古音甚至上古音,以方便人们使用。

唯有了解基础的汉语语音史知识,才能读懂这些中文工具书中的古代注音材料,才能发现自己方音中的一些存古痕迹,才能从古音押韵的角度重新看待古人的诗歌创作,才能深入地理解领会语文生活中的通假字、形声字、联绵词等现象。

第二节　学习语音史的基础知识

一、元音和辅音及其区别性特征

元音是指呼出气流不受口腔部位阻碍而发出的音。辅音是指呼出气流受口腔部位阻碍而发出的音。汉语拼音方案的字母 a、o、e、i、u、ü 代表的音属于元音,其他字母代表的音几乎都是辅音。

元音的不同是共鸣腔的不同形状造成的。共鸣腔里面最主要的是口腔,不同元音之间的差别正是取决于口腔的不同形状。口腔改变形状不外三个办法:①把嘴张得大些或者小些。②把舌头往前伸或者往后缩。③把嘴唇撮起或者展平。舌头和下颚相连,嘴张得大,就是舌头的位置低;嘴张得小,就是舌头的位置高。所以上面三个办法可以归结为舌位的高低、前后以及嘴唇的圆展。常见的舌面元音舌位图见图2-1。

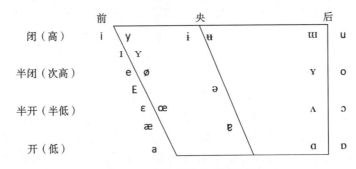

图 2-1　常见舌面元音舌位图
(注:成对出现的音标,右方为圆唇元音。)

辅音的差别是由不同的发音部位和发音方法造成的。

(1)普通话辅音声母区别送气音和不送气音。发音时气流强的叫送气音,气流弱的叫不送气音。如 p 是送气音,b 是不送气音。

(2)普通话辅音声母区别鼻音和口音。软腭低垂,堵住口腔的通道,让气流从鼻腔出来,就产生鼻音,如 n、m、ng;软腭上升,堵住鼻腔的通道,让气流从口腔出来,就产生口音。多数辅音都是口音。

(3)普通话辅音声母一般不用清浊作为区别性特征。发音时声带振动的是浊音,声带不振动的是清音。普通话辅音声母中只有 4 个带音(发音时声带振动)的浊声母:m、n、l、r,其余的都是清音声母。

(4)根据形成阻碍和排除阻碍的方式不同,汉语辅音声母主要区分为塞音、擦音和塞擦音等。塞音是发音器官两个部位完全闭合,然后突然打开,让气流爆发冲出,发出声音,如 b、p、d、t、g、k。擦音是发音器官两个部位靠近,留下缝隙,气流从缝隙中挤出,摩擦成声,如 f、h、s、sh、x、r。塞擦音是先塞后擦,发音部位先完全闭合,除阻时形成缝隙,气流从缝隙中挤出,摩擦成声,如 j、q、z、c、zh、ch。除了塞音、擦音和塞擦音,还有鼻音 n、m 和边音 l 的发音使用的也是平行的发音方法。

二、汉语普通话语音结构分析

汉语普通话的音节可以分为声母、韵母、声调三个部分。声母指音节开头的辅音,韵母指音节中声母后面的整个部分,韵母又分为韵头、韵腹、韵尾三个部分。

韵腹是韵母中开口度最大或听起来最响亮的那个元音,它是韵母的核心。

韵头又叫介音,是韵母中位于韵腹之前的成分。普通话韵头共有 i、u、ü 三个。根据韵头的不同,我们可以把韵母分为开口呼、齐齿呼、合口呼、撮口呼四类,简称"四呼"。没有韵头而以 a、o、e 为主要元音的叫开口呼;以 i 为主要元音或介音的叫齐齿呼;以 u 为主要元音或介音的叫合口呼;以 ü 为主要元音或介音的叫撮口呼。

韵尾是韵母中位于韵腹之后的收尾成分。普通话的韵尾要么为元音,要么为鼻音-n 和-ng。

普通话每一个韵母都必须有韵腹,但可以没有韵头和韵尾。

声调指音节中具有区别意义作用的音高变化。普通话有四大调类,可以沿用古代的名称称呼它们为阴平、阳平、上声和去声。

普通话里最简单的音节可以没有声母、韵头和韵尾,但必须有韵腹和声调。

汉语普通话有 21 个辅音声母,39 个韵母,4 个声调,按理说构成的音节数目应该在 3000 个以上,但实际上口头常用的音节数仅仅在 1100 个左右,可见声韵调的配合是有限制的,声母和韵母的配合更是有着特殊的规律和规则。如普通话中有 ji、qi、xi 这类音节,但是却没有 gi、ki、hi 这类音节。这些都有赖汉语语音史的研究。

三、传统音韵学常用概念和术语

(一)反切

反切又称反语、反音,是汉代末年开始出现的一种新的注音方法,即用两个汉字拼出另一个汉字读音的注音方法。具体的方法是取反切上字(简称切上字、上字)的声母和反切下字(简称切下字、下字)的韵母和声调拼合成一个字音,比如"徒红"可以切出"同"的读音。反切最初用"某某反"的格式,唐代讳"反"字,改为"某某切",也有用"某某翻"或"某某纽"的。反切出现以后,被广泛应用于为古书做音注的各种音义类的著作和专门的韵书之中。古代的反切拼读出来的字音,常常与现代的读音不合。这是因为语音是不断发展变化的,古代韵书、字书所注的音是当时的音而不是现代的音。如"江"字,《广韵》的注音为"古双切"。"古双切"用普通话(gu+shuang)拼读起来是 guang,但"江"字现在的北京音读 jiang,声母、韵母都已对不上。由于域外的韩国汉字音保存了中古音,现在"古双切"以韩国汉字音(고+쌍)拼读起来是 gang,正是目前韩国汉字"江"的发音강(gang)。因此,我们在拼读和使用字典、辞书中的旧反切时,应该以历史的眼光看待它,学会正确地运用它。

(二)三十六字母

最早的字母相传是唐末僧人守温根据当时汉语声母的实际创制的"三十字母",现见于敦煌发现的《守温韵学残卷》和《归三十字母例》两份材料。它的发明可能与唐代佛教的传播有关。当时僧人在学习翻译佛经的过程中接触到天竺(古印度)的梵文,梵文是一种以辅音为中心的拼音文字。受梵文字母"悉昙"的启发,僧人将汉语的声母归纳出来,用汉字作为代表字,就是字母。

到了宋代,有人在三十字母的基础上将其增补为三十六个,形成了音韵学上影响深远的三十六字母。三十六字母代表的是唐宋间汉语读书音的声母系统,并被广泛应用于宋元时期的韵图之中。它们通常按发音部位和发音方法分类,但发音部位和方法的名称很不相同,后来大致统一起来。现结合现代人的拟音和称呼列表如表 2-1。

表 2-1 三十六字母发音部位、发音方法分类对照表①

发音部位			发音方法					
新称	旧称		全清	次清	全浊	次浊	全清	全浊
双唇	唇音	重唇	帮 p-	滂 p'-	并 b-	明 m-		
唇齿		轻唇	非 pf-	敷 pf'-	奉 bv-	微 ɱ-		
舌尖	舌音	舌头	端 t-	透 t'-	定 d-	泥 n-		
		半舌				来 l-		
舌尖后		舌上	知 ṭ-	彻 ṭ'-	澄 ḍ-	娘 ɳ-		
舌尖	齿音	齿头	精 ts-	清 ts'-	从 dz-		心 s-	邪 z-
舌尖后		正齿	照 tʂ-	穿 tʂ'-	床 dʐ-		审 ʂ-	禅 ʐ-
舌面		半齿				日 nʑ-		
舌根	牙音		见 k-	溪 k'-	群 g-	疑 ŋ-		
(多类声母)	喉音		影 ∅-	晓 x-	匣 ɣ-	喻 j-		

表 2-1 中每个汉字代表一类声母,如"帮"代表声母[p],"滂"代表声母[p'],人们把这些字母称"帮母""滂母"等。

传统音韵学从发音部位的角度将三十六字母分析为五音、七音,乃至最多的九音。

五音的分法最早见于《玉篇》,由外而内,即唇、舌、齿、牙、喉。后人所谓七音,是从五音的舌音中又分出一个半舌音,从齿音中又分出一个半齿音,合称为七音。再到了南宋的《切韵指掌图》,又将七音中的唇音分为重唇音和轻唇音,将舌音又分为舌头音和舌上音,将齿音分为齿头音和正齿音,将半舌音和半齿音合称为舌齿音,这样就成了九音。

(1)重唇音,是双唇的塞音和鼻音。

---

① 三十六字母的发音部位、发音方法及拟音目前仍是推测,该表主要参考了高本汉、罗常培、王力、唐作藩等先生的观点,并择善而从。

(2)轻唇音,是唇齿的塞擦音和鼻音。

(3)舌头音,是舌尖中的塞音和鼻音。

(4)舌上音,是舌尖后(亦或舌面前)的塞音和鼻音。

(5)半舌音,是舌尖边音。

(6)齿头音,是舌尖前的塞擦音和擦音。

(7)正齿音,是舌尖后(亦或舌面前)的塞擦音和擦音。

(8)半齿音,人们对它拟音的分歧比较大,多认为是舌面鼻擦音。

(9)牙音,是舌根的塞音和鼻音。

(10)喉音里,有零声母,有舌根音的擦音,还有舌面的半元音,是个比较复杂的类别。

表 2-1 中"清浊"的概念是古人为了辨析不同的声母而使用的,粗略地分,发音时声带振动的(带音)是浊音声母,声带不振动的(不带音)是清音声母。此外,为了区分送气和不送气、口音和鼻音等发音特征,还引入了"全清""次清""全浊""次浊"等概念,具体地说:

(1)"全清"为不带音不送气的塞音、塞擦音和擦音。

(2)"次清"为送气的塞音和塞擦音。

(3)"全浊"为带音的不送气的塞音、塞擦音和擦音。

(4)"次浊"为带音的鼻音、边音和半元音。

三十六字母后来成为研究汉语各个历史时期语音的工具,人们根据不同历史时期声母多少的实际情况在其基础上增减,一直沿用到今天,音韵学上称作传统的三十六字母。

(三)韵、摄及相关概念

"韵"是从诗文押韵的角度对韵母进行归纳得到的同韵字组。在中古韵书中,凡属于同一韵的字,其韵母必须具备两个条件:一是韵腹相同或相近,韵尾相同;二是声调相同。韵头有无、有何种韵头,都不影响押韵。如杜甫《闻官军收河南河北》:"剑外忽传收蓟北,初闻涕泪满衣裳。却看妻子愁何在,漫卷诗书喜欲狂。白日放歌须纵酒,青春作伴好还乡。即从巴峡穿巫峡,便下襄阳向洛阳。"这首诗的韵脚"裳""狂""乡""阳"现在用普通话念依旧可以押韵,唐代时它们都属于平声的"阳韵",韵母依次是[iaŋ]、[iuaŋ]、[iaŋ]、[iaŋ]。其中包含了两类同声调的韵母,即两个韵类。

这两个韵类的区别仅仅体现为韵头的不同,"狂"有[u]韵头,称为合口呼,其他三字没有[u]韵头,称为开口呼。明代之前只区分开口呼、合口呼,没有齐齿呼和撮口呼的称呼。根据古代等韵学家的研究,古代汉语中的韵母只有[i]、[u]两种韵头,而没有[y]韵头。比如:[aŋ]这个韵,开口是[aŋ],前边加介音[i]成为[iaŋ],还算作开口。合口[uaŋ]前边加介音[i]成为[iuaŋ],还算作合口。也就是说,只要有[u]就是合口。古代合口和开口的不同,实际上就是圆唇和不圆唇的区别。

"四呼"的形成是比较晚近的事情,明确将韵母分为开、齐、合、撮"四呼"的学者是清代音韵学家潘耒。中古时期虽然没有开、齐、合、撮"四呼",但开口呼与合口呼却各分为洪音和细音。开口洪音大致相当于今天的开口呼,开口细音大致相当于今天的齐齿呼,合口洪音大致相当于今天的合口呼,合口细音大致相当于今天的撮口呼。

开口、合口仅仅是韵头的区别,按说是不影响韵母间的押韵的。但韵书的编写者从严分韵,会把开口韵、合口韵分开,从宽分韵会把开口韵和合口韵合并。如此看来,韵书分韵其实并不严格。如王翰《凉州词》:"葡萄美酒夜光杯,欲饮琵琶马上催。醉卧沙场君莫笑,古来征战几人回?"这首诗的韵脚"杯""催""回"用普通话念都可以押韵,唐代自然也可以押韵。《广韵》中,三字都属于平声的"灰韵"。这时的"灰韵"只有1个韵类。"灰韵"的字还有"灰、恢、魁、隈、徊、枚、梅、媒、煤、瑰、雷、摧、堆、陪、醅、嵬、推"等字。再如杜甫的《登高》:"风急天高猿啸哀,渚清沙白鸟飞回。无边落木萧萧下,不尽长江滚滚来。万里悲秋常作客,百年多病独登台。艰难苦恨繁霜鬓,潦倒新停浊酒杯。"这首诗有5个韵脚,其中"回""杯"属于平声的"灰韵",为合口呼;"哀""来""台"属于平声的"咍韵",为开口呼。两个韵仅仅韵头不同,韵腹、韵尾都一样,完全可以一起押韵。所以《广韵》在"灰韵"的韵目下特别注明"咍同用",意思就是说"灰韵""咍韵"的字可以当成同一个韵来押韵。比《广韵》晚出的韵书《新刊韵略》(即"平水韵")直接将"灰韵""咍韵"合并为新的"灰韵",使其成为拥有两个韵类的韵。这样,"灰韵"包含的字就大大增加,包括了"灰、恢、魁、隈、回、徊、枚、梅、媒、煤、瑰、雷、催、摧、堆、陪、杯、醅、嵬、推、开、哀、埃、台、苔、该、才、材、财、裁、来、莱、栽、哉、灾、猜、胎、孩、胚、崔、裴、培、坏、垓、陔、俫、皑、傀、崃、诙、煨、桅、唉、颏、能、茴、霉、偎、隗、咳"等字,押韵时选字的范围扩大了很多。

除了开口呼和合口呼,根据韵尾的不同,古代音韵学家还把韵分为阴声韵、阳声韵、入声韵三大类。

(1)所谓阴声韵,是指无韵尾或以元音结尾的韵或韵母,如普通话中的[a]、[ia]、[ai]等。

(2)所谓阳声韵,是指以鼻音结尾的韵或韵母,如普通话中的[an]、[aŋ]及潮州话、广州话中的[am]等。

(3)所谓入声韵,是指以塞音结尾的韵或韵母,如梅县话中的[ap]、[at]、[ak]等。

以上各类韵母在中古都是存在的,并且阴声韵、阳声韵和入声韵在主要元音和韵尾方面都呈现整齐的对应,构成了严整的系统。如,阴声韵有[a],阳声韵就有[an],对应的入声韵就有[at],主要元音都是[a],韵尾[-n][-t]发音部位一致。再如,阳声韵有[aŋ],对应的入声韵就有[ak],因为韵尾[-ŋ][-k]都为舌根音。这是中古汉语语音的重要特点之一。

到了现代普通话中,中古阳声韵中的[-m]尾韵消变成了[-n]尾韵,与原来的[-n]尾韵合流。入声韵则消变成了阴声韵,与原有的阴声韵合流。

中古[-m]尾阳声韵及入声韵现在只保留在一些方言如厦门话、广州话、梅县话中,大家参考广州话下列数字的发音,即可发现广州话保留完整阳声韵和入声韵的语音事实。

(广州话)阳声韵:三[sam];入声韵:一[jɐt]、六[lok]、七[tsʻɐt]、八[pat]、十[sɐp]。

切韵系韵书《广韵》是按声调的不同来归纳韵的,直接导致韵数繁多,多达206韵。为了研究语音,等韵学家对"韵"直接进行归纳,从而提出了"摄"的概念。"摄"有统摄之义。归摄的条件比归韵的条件宽得多,它不论韵头,也不计声调,对韵尾的要求也不很严格,凡是韵腹相同或相近、韵尾相同或部分相同的一组韵即为一摄。如表2-2的宕摄即包含了《广韵》中的8个韵:

表 2-2　宕摄

摄	调					
	平	上	去		入	
宕摄	阳	养	漾	[iaŋ][iuaŋ]	药	[iak][iuak]
	唐	荡	宕	[aŋ][uaŋ]	铎	[ak][uak]

表 2-2 有之前我们提到的平声的阳韵,与它平行的上声、去声还有养韵和漾韵,入声上还有药韵。另外,唐韵是和阳韵主要元音近似的一个平声韵,其平行的上声韵、去声韵、入声韵为荡韵、宕韵、铎韵。这里阳、养、漾、唐、荡、宕为阳声韵,药和铎为入声韵。

值得注意的是,归为一摄的韵只需要韵尾部分相同即可,如这里宕摄的阳声韵尾[-ŋ]与入声韵尾[-k]同属舌根音,属部分相同。

摄的归纳见于五代宋元时期的等韵图,《韵镜》《七音略》将《广韵》系统的 206 韵归为 43 图,《切韵指掌图》将其归为 20 图,这些韵图的归韵说明当时已有了"摄"的观念,但还没有提出"摄"的名称。宋元之际,无名氏的《四声等子》中首次出现了各摄的称呼,分类命名已有十六摄的雏形。元人刘鉴的《经史正音切韵指南》也将 206 韵归纳为十六摄,其排列次序及归韵与《四声等子》稍有不同,后来刘鉴十六摄的顺序经过微小的调整而多被沿用。表 2-3 是十六摄及其所统摄的《广韵》206 韵的情况。

表 2-3　十六摄与《广韵》206 韵的对应关系表①

摄	调			
	平声	上声	去声	入声
通	一东	一董	一送	一屋
	二冬		二宋	二沃
	三钟	二肿	三用	三烛
江	四江	三讲	四绛	四觉
止	五支	四纸	五寘	
	六脂	五旨	六至	
	七之	六止	七志	
	八微	七尾	八未	
遇	九鱼	八语	九御	
	十虞	九麌	十遇	
	十一模	十姥	十一暮	
蟹	十二齐	十一荠	十二霁	
			十三祭	
			十四泰	
	十三佳	十二蟹	十五卦	

① 该表按《广韵》韵目的顺序排列,韵目之间四声相承的关系是清代学者戴震考定的结果。可参见戴震:《声韵考》卷二《考定〈广韵〉独用同用四声表》。

续表

摄	调			
	平声	上声	去声	入声
蟹	十四皆	十三骇	十六怪	
			十七夬	
	十五灰	十四贿	十八队	
	十六咍	十五海	十九代	
			二十废	
臻	十七真	十六轸	二十一震	五质
	十八谆	十七准	二十二稕	六术
	十九臻			七栉
	二十文	十八吻	二十三问	八物
	二十一欣	十九隐	二十四焮	九迄
(山)	二十二元	二十阮	二十五愿	十月
臻	二十三魂	二十一混	二十六恩	十一没
	二十四痕	二十二很	二十七恨	
山	二十五寒	二十三旱	二十八翰	十二曷
	二十六桓	二十四缓	二十九换	十三末
	二十七删	二十五潸	三十谏	十四黠
	二十八山	二十六产	三十一裥	十五辖
	一先	二十七铣	三十二霰	十六屑
	二仙	二十八狝	三十三线	十七薛
效	三萧	二十九筱	三十四啸	
	四宵	三十小	三十五笑	
	五肴	三十一巧	三十六效	
	六豪	三十二晧	三十七号	
果	七歌	三十三哿	三十八个	
	八戈	三十四果	三十九过	
假	九麻	三十五马	四十祃	
宕	十阳	三十六养	四十一漾	十八药
	十一唐	三十七荡	四十二宕	十九铎
梗	十二庚	三十八梗	四十三映	二十陌
	十三耕	三十九耿	四十四诤	二十一麦
	十四清	四十静	四十五劲	二十二昔
	十五青	四十一迥	四十六径	二十三锡

续表

摄	调			
	平声	上声	去声	入声
曾	十六蒸	四十二拯	四十七证	二十四职
	十七登	四十三等	四十八嶝	二十五德
流	十八尤	四十四有	四十九宥	
	十九侯	四十五厚	五十候	
	二十幽	四十六黝	五十一幼	
深	二十一侵	四十七寝	五十二沁	二十六缉
咸	二十二覃	四十八感	五十三勘	二十七合
	二十三谈	四十九敢	五十四阚	二十八盍
	二十四盐	五十琰	五十五艳	二十九叶
	二十五添	五十一忝	五十六㮇	三十帖
	二十六咸	五十二豏	五十七陷	三十一洽
	二十七衔	五十三槛	五十八鉴	三十二狎
	二十八严	五十四俨	五十九酽	三十三业
	二十九凡	五十五范	六十梵	三十四乏
合计	57 韵	55 韵	60 韵	34 韵

表 2-3 里，平、上、去、入四声各自所辖韵的数目之所以不等，有两个原因：一是音系结构总是整齐中有参差，如泰、夬、祭、废四韵只有去声，没有相配的平声韵和上声韵。入声韵少是因为一些韵只和阳声韵相配却不和阴声韵相配；二是人为的合并造成的，如与平声冬韵相配的上声韵因字少而不设韵，而把这些少数字归并到与平声钟韵相配的上声肿韵中去。所谓"相配"是指两种情况：平声韵、上声韵、去声韵相配，即韵腹以下相同而声调不同；平、上、去的阳声韵与入声韵相配，即韵腹相同、韵尾发音部位相同而发音方法不同。上述像这样"东董送屋""江讲绛觉""支纸寘"四声相配或多声相配的多个韵，因为主要元音相同，可以视为一个韵系，称作"东韵系""江韵系""支韵系"。《广韵》206 韵总共可以归纳为 61 个韵系，也有学者将韵系称为"韵部"，但将"韵部"这个概念用于中古音，容易与上古音的韵部概念混淆。在上古音研究中，由于押韵不计声调、介音，我们可以把主要元音相同而声调、介音不同的字归为一个韵部。

一摄多则可以统摄《广韵》中的 9 个韵系，少则仅包含 1 个韵系。摄的出现，使人们可以相对简单地系统掌握和分析《广韵》韵母的特点及其发展规律。

在同一摄内的多个韵事实上包含了多个韵母或韵类，这其中既有开口呼、合口呼的区别，也有舌位前后高低的区别。为了将同摄的韵母区分开来，等韵学家引入了"等"的概念，以方便根据韵头、韵腹的状况对韵母进行分类。同摄的开口韵有四等，合口韵也有四等，合称为"二呼四等"（也有称"二呼八等"的），简称"等呼"。从现代语音学的角度来观察，一等韵的元音偏低偏后，二、三、四等依次偏高偏前。清代江永在《音学辨微》中说："一等洪大，二等次大，三、四皆细，而四尤细。"说明江永已经注意到四等主要是关于韵母开口度的区分。近代罗常培先生在《中国音韵学导论》中说："今试以语言学术语解释之,则一二等皆无[i]介音,故其音大,三四等皆有[i]介音,故其音细。同属大音,而一等之元音较二等之元音略后略低,故有洪大与次大之别。"①

在宋元时期的等韵图中,四等是通过 4 个格子的形式来表示的。一、二、三、四等分别被排列在 4 个格子之中。例见图 2-2。

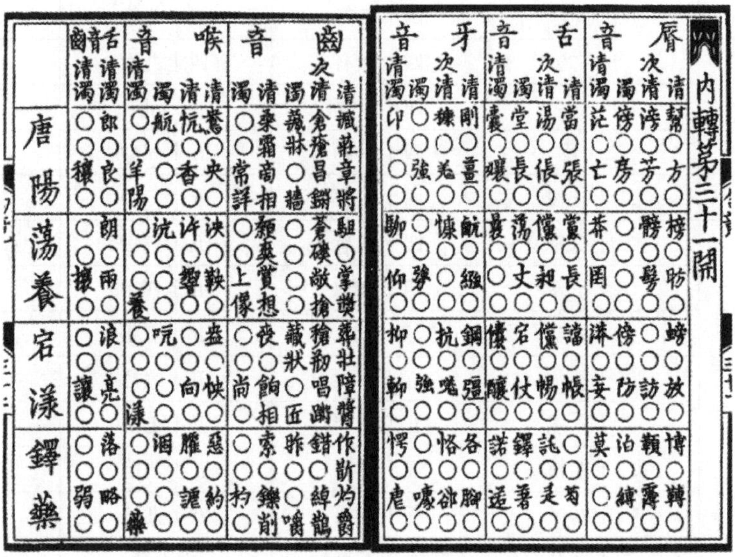

图 2-2 《韵镜》宕摄的开口韵图

图 2-2 中为《韵镜》宕摄的开口韵图,左边的竖行 8 个韵目表示韵母和声调,横行表示声母,两相拼切就成为一个个具体带声调的音节。大家可以发现"唐""荡""宕""铎"代表的韵母为[ɑŋ]和[ɑk],没有[i]介音,所以拼合而成的音节"郎""航"等音节都放在"唐阳"这一栏第一行的格子里,为一等韵;"阳""养""漾""药"代表的韵母为[iaŋ]和[iak],有[i]介音,所以拼合而成的音节"良""羊"等音节都放在"唐阳"这一栏第三行的格子里,为三等韵。

再如《韵镜》的效摄,见图 2-3。"豪""爻""宵""萧"分别列于平声的一、二、三、四等上。其中豪韵(韵母为[ɑu]),没有[i]介音而且主要元音[ɑ]发音的开口度最大,所以列为一等;爻韵(韵母为[au])也没有[i]介音,主要元音[a]发音的开口度也大,但较[ɑ]小些,所以列为二等;宵韵(韵母为[iɛu])有[i]介音,主要元音[ɛ]发音的开口度较[ɑ]、[a]都小,所以列为三等;萧韵(韵母为[ieu])有[i]介音,主要元音[e]发音的开口度比[ɛ]稍小,所以列为四等。这里所谓主要元音发音开口度的大小(洪细),只是就同摄的各韵之间的比较来说的。

一摄之内区分四等,并不代表该摄四等俱全,真正四等俱全的只有效摄、蟹摄、咸摄、山摄,而上面所举的宕摄只有一等韵和三等韵,止摄、深摄更少,只有三等韵,江摄只有二等韵。

古韵图的作者,除用"等"的观念来区分韵母之外,还用它来区分声母。因为声母总是和特定"等呼"的韵相互拼合的,故也有"等"的不同。如早期的韵图把端组声母、精组

---

① 罗常培.中国音韵学导论[M].北京:北京大学出版部,1949:40.

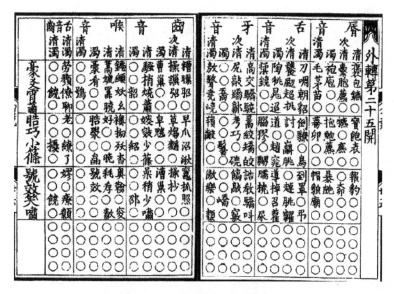

图 2-3 《韵镜》效摄的开口韵图

声母列为一、四等,知组声母、照组声母列为二、三等。因此,"等"的分别不单指韵母,有时也指声母。

(四)四声与平仄、舒促等概念

"四声"是指中古汉语"平、上、去、入"四个声调。声调是通过音高的变化(有时还伴有音长等其他非音质特征的变化)来区别字音的手段。从《诗经》等早期诗歌来看,押韵的字的声调也大多相同,但是不那么严格。最早发现四声的是南北朝时的沈约、周颙等人。《梁书·沈约传》记载:梁武帝萧衍因不谙四声之说,特意问周颙之子周舍"何谓四声"。周舍回答:"天子圣哲是也。""天、子、圣、哲"正是"平、上、去、入"四个声调的例字。博通文史的萧衍尚且不明四声,这更说明南朝齐梁之前四声的区别并未被人们所发现。齐梁以后,随着四声的发现,诗歌创作中越来越重视声调,诞生了"永明体"这一新诗体,并为唐代格律诗的产生和发展奠定了良好的基础。四声的发现是韵书编写的基础,《切韵》以来的"正统"韵书都是按四声分韵的。

现代汉语普通话和各地方言的调类、调值相对清晰,我们可以用五度标调法客观地描写和记录。而中古汉语"平、上、去、入"四个调类的具体调值是什么,古人仅仅留下一些相对主观的描写和解释。唐代释处忠《元和韵谱》中说:"平声哀而安,上声厉而举,去声清而远,入声直而促。"明代释真空《玉钥匙歌诀》中说:"平声平道莫低昂,上声高呼猛烈强,去声分明哀远道,入声短促急收藏。"这些都是古人从个人听感上进行的描写。

通过这些描写,我们大体可以想象中古平声的调值是平直的,而上、去、入三声的调值则是短曲不平的。

"平仄"的概念是古人为了追求诗歌的音乐美而提出的。古人将四声分为两类,其中平声为一类,其音色比较平直可以延长,古人把它称作"平";上、去、入三声为一类,其音色有一个共同点,比较短,不可以延长,与平声相反,古人将此三声统称为"仄"。"仄"就是倾斜、不平的意思。清代江永《音学辨微》描述道:"平声音长,仄声音短;平声音空,仄声音实。平声如击钟鼓,仄声如击土木石。"平与仄有音高的对比,但本质上是音长的对比、慢快的交替。平声字与仄声字总量相当,平仄交错使用能形成诗歌的节奏美、音乐美。普通话的阴平、阳平字绝大部分从古平声分化而来,属于"平声",但今天的阴平、阳平字中还包含一小部分古入声派过来的字,应属"仄声"。

"舒促"是从韵尾的角度对声调的再分类,事实上也将阴声韵、阳声韵和入声韵区别开来。"舒声",指"平、上、去"三种声调,只有阴声韵和阳声韵才有这三种声调,它们读起来感觉要舒缓一些,故称"舒"。"促声",就是入声,因为入声韵都有塞音韵尾[-p]、[-t]、[-k],读音不能延长,使整个音节显得很短促,故称"促"。今普通话入声韵都变为阴声韵,"舒促"在普通话中不再形成对立。

高本汉曾认为中古的平、上、去、入四声每一声都分为高低两类声调,即阴平、阳平、阴上、阳上、阴去、阳去、阴入、阳入,总共8个声调,其中阴调来自清声母,阳调都来自浊声母。① 现代的汉语方言或多或少按照这一系统来分调类。如普通话尚分阴平、阳平,但总体来说官话系统离这一八声调系统隔得有些远,多数方言都无法在上声、去声上再分阴阳两调。高本汉的假设适用于解释吴、粤等调类较多的方言,因为这些方言受声母清浊的影响每一调类都普遍区分阴阳。

四、汉语语音史的材料和代表音系

韵书和韵图是为记录语音而编写的,是语音史最为重要的材料。在韵书诞生之前无韵书、韵图可用,考究语音发展历史,主要利用谐声字和早期的韵文等材料。韵书、韵图、历代韵文和谐声字这四类材料都是成体系的语音材料,可以据此拟测出相对完整的语音体系,它们是我们对语音史进行历史分期和选择代表音系最主要的依据。此外,训诂学常见的异文、声训、随文注释等材料,历史比较语言学常见的梵汉对音材料、汉藏对音材料、域外方音材料,方言学中的方言调查材料等,都是语音史研究重要的补充材料。

语音史的分期与第一章提到的汉语史的分期并不矛盾,但由于语音的演变是逐渐进行的,加之方言分歧、文白异读,很难为语音史勾勒出具体的分期界限,只能分别为上古、中古、近代、现代选择一个代表音系,便于大家抓住历史音变之梗概。

上古音主要以《诗》的押韵和汉字的谐声所反映的音系为代表;中古音以公元601年陆法言的《切韵》一书的音系为代表;近代音以公元1324年周德清的《中原音韵》的音系为代表;现代音以今天的北京音系作为代表。

第三节 中古音与《广韵》音系

一、《广韵》的产生及其体例

研究中古汉语的语音状况,主要材料是唐宋时期盛行的《切韵》系韵书及宋元韵图。另外,唐宋时代的韵文押韵情况以及现代方言也可以佐证韵书和韵图的结论。这里先介绍《切韵》系韵书的集大成者《广韵》。

---

① [瑞典]高本汉.中国音韵学研究[M].赵元任,罗常培,李方桂,译.北京:商务印书馆,1995:437.

《广韵》脱胎于《切韵》，《切韵》成书于隋文帝仁寿元年(公元601年)，其编写体例、审韵原则由当时南北方顶尖的学者颜之推、萧该等8人所定，由陆法言执笔。该书基本上以当时的共同语音为主要依据，吸收其他重要方言的某些音类，参合六朝以来各家韵书的反切，定出了大体上反映当时实际读书音的音韵系统。《切韵》既是一本供写作韵文者查检的字典，同时又能起到正音规范的作用。在唐代，《切韵》成为科举考试的标准韵书，其地位得到进一步的提高，增字作注的人因此有很多，但流传到现代的大多数都是一些残卷。目前保存最完整的增订本只有两个。一是故宫博物院藏宋濂跋本唐写本《王仁昫刊谬补缺切韵》(简称"王三")；二是陈彭年等人修订的《大宋重修广韵》(简称"《广韵》")。由于后出转精的缘故，《广韵》收字更多，注解更为详尽，韵目顺序也更为严整，所以《广韵》刊行后，《切韵》的原本和各种修订本大多亡佚了。

　　《广韵》完成于宋真宗景德四年(公元1007年)，距《切韵》成书时间已有400多年，但其语音系统与《切韵》基本上是一致的，只是收字大为增加，计有26194字，比《切韵》的字数(11000余字)多出一倍以上，注释也较详细，共用了191692字。此外，《广韵》分韵206韵，比《切韵》原本193韵多出13韵，但这多是开口合口分韵的结果。因为，我们认为《广韵》是现存最完善的《切韵》音系的代表，是研究中古音最重要的材料。

　　《广韵》的编写体例可概括为如下几点。

　　(1)《广韵》正文收字26194字，按声调分韵，共分206韵，等于将26194个字分成206个可以押韵的同韵字组。206韵按平、上、去、入四声分置于全书五卷之中。其中第一、二卷收平声57韵；第三卷收上声55韵；第四卷收去声60韵；第五卷收入声34韵。平声韵独居两卷是因为平声字居多。其中第一卷收28韵，称作上平声；第二卷收29韵，称作下平声。上平声字和下平声字声调没有区别。

　　(2)206韵各用一个代表字作为名称，叫作"韵目"。每卷开头目录列有该卷所有韵的目次，如"东第一""冬第二"等。正文中韵的排列顺序用序数置于韵目之前，如"一东""二冬""三钟"等。参见图2-4。

　　(3)每个韵内部的字按同音关系放在一起，编成字组，叫作"小韵"。小韵所含各字均属同音字。小韵与小韵之间用"○"相隔。《广韵》共含有3875个小韵(即同音字组)。①

　　(4)小韵中的第一字之下先注释字义，然后是反切注音，最后用数字标明该小韵所含字数。如"东韵"下第一个小韵名为"东小韵"，"东"是其代表字。"东"的注音为"德红切"，该读音的字共有17个。

　　(5)小韵下某字如果另有其他的读音，则在该字下用直音或反切注明其又音。"东小韵"下有一字"蝀"，除了"德红切"这一读音，另注解"又音董"，说明该字有两个读音。

　　(6)206韵四声相配，如"东董送屋"，分别为平、上、去、入各调类的第一个韵，主要元音相同，韵尾相似，为阳声韵和入声韵相配。阴声韵只在平、上、去三类声调上有韵，如"之止志"，无入声韵相配。因此第五卷只收入声34韵，明显少于前面四卷平、上、去的各调类所收的韵数。早期的等韵图已经把相配的四声各韵在同一韵图上展示，如前图2-2"唐""荡""宕""铎"四韵。清代戴震的《考定广韵独用同用四声表》清楚地展示了206四声相配的情况，该成果参见前表(表2-3)。

---

① 此处采用唐作藩的统计数字。参见唐作藩.音韵学教程[M].5版.北京:北京大学出版社,2016:69.

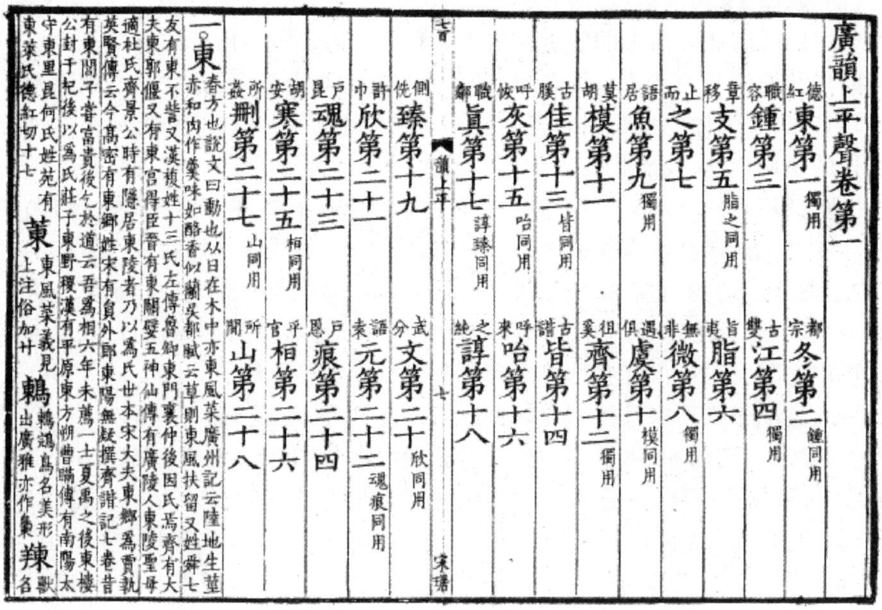

图 2-4 《广韵》目录页

二、考求《广韵》声韵类别的方法

《切韵》《广韵》的编写者为每个字都注了反切,声韵母信息皆暗含在反切之中,但同声母的字用了多个反切上字代表,同韵母的字也用了多个反切下字代表,导致我们无法直观地了解《广韵》的声母和韵母有多少类。《广韵》中共有反切上字 472 个,反切下字 1195 个。[①] 要想知道中古有多少声母和韵母,只要将这 472 个反切上字和 1195 个反切下字进行归类即可达到目的。

清代陈澧根据反切的原理,发明了反切系联法,即用系联反切上下字的办法来考求《广韵》声韵母。他系联反切上下字的理论方法可以概括为如下几句话:反切上字与所切之字双声,反切下字与所切之字叠韵;两个反切的上字同类下字必不同类,下字同类上字必不同类。

如:冬,都宗切;当,都郎切;都,当孤切。根据反切系联法,"冬、都、当"很自然是一个声类。

又如:东,德红切;红,户公切;公,古红切。根据反切系联法,"东、红、公"很自然是一个韵类。

再如:红,户公切;烘,呼东切。根据上条系联结果,"东、公"是一个韵类,那么"红"与"烘"必然不属于同一个声母。

考求《广韵》的声韵类,系联法可以作为基础,但不能单纯地依靠系联,还必须广泛地应用其他材料,最重要的材料就是韵图。早期的韵图《韵镜》和《七音略》就是为分析

---

① 反切上下字,特别是反切上字诸家统计稍有差异,主要是因为各家所据《广韵》版本不同,又或对《广韵》的反切进行了不同程度的校订和增删,导致具体的统计数值稍有差异。这里暂用唐作藩、张渭毅统计的数据,参见:唐作藩.音韵学教程[M].5 版.北京:北京大学出版社,2016:92-106.

《切韵》或《广韵》的声韵调配合关系而诞生的,是归纳整理中古声韵系统的重要补充,下面就以《韵镜》第一张图(如图 2-5 所示)为例谈谈如何释读韵图的声韵调信息。

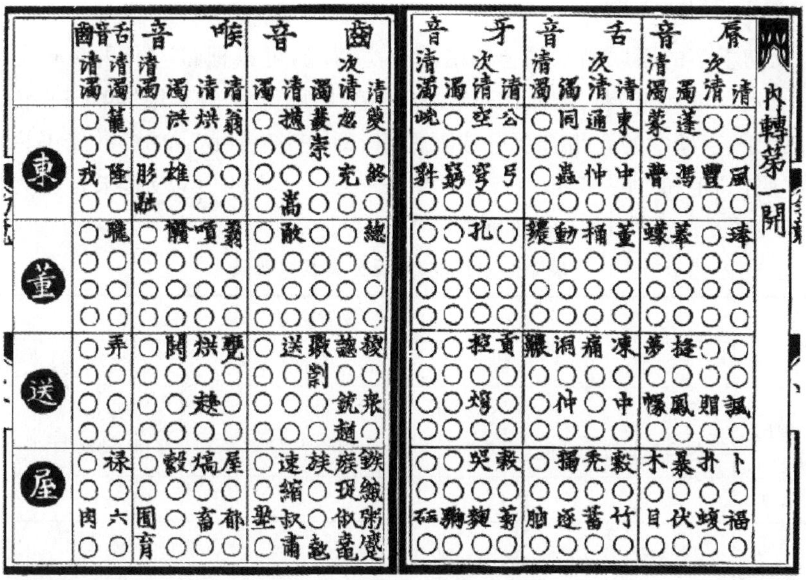

图 2-5 《韵镜》第一张图

图 2-5 中,《广韵》的声韵调是以下列形式展示出来的:一、以七音为经,通过"清、次清、浊、清浊"等术语①将七音中所含的声母区分开来;二、以 206 韵为纬,通过 4 大栏配合 4 个格子将平、上、去、入四声相承的若干个韵中所含的韵母区分开来。

具体到图 2-5 "东董送屋"四韵:"东送屋"三韵可分别分成两个韵类,两个韵类分别为一等韵和三等韵,分别列于各栏第一个格子和第三个格子,"董"只有一个一等韵;舌音含两组声母"端透定泥"和"知彻澄娘",端组只与一等和四等格子上的韵相拼,知组只与二、三等格子上的韵相拼,如"东""通""同"为一等东韵与端组字相拼的小韵,"中""忡""蟲"为三等东韵与知组字相拼的小韵;齿音含三组声母,即"精清从心邪""庄初崇生"和"章昌船书禅",如"缩""叔""肃"的韵母均为三等屋韵,但声母分别为"生""书""心",因为韵图规定章组与三等韵所拼的音节居于三等格,庄组与三等韵相拼的音节居于第二格,也叫"假二等",精组与三等韵相拼的音节居于第四格,也叫"假四等";喉音清浊音含"云""以"两个声母,如"囿""育"的韵母均为三等屋韵,但声母分别为"云""以",因为"云"与三等韵相拼的音节居于第三格,"以"与三等韵相拼的音节居于第四格,所以"云"与"以"不会相混。

由韵图得到的这些结论都可以与韵书中的反切相互印证,如《广韵》中,"缩"为"所六切","叔"为"式竹切","肃"为"息逐切",反切下字"六""竹""逐"可以系联为一类韵类,"所""式""息"无法系联,属于不同声母。

---

① "清、次清、浊、清浊"又称"全清、次清、全浊、次浊"。

三、《广韵》的声母和韵母

(一)《广韵》的声母

根据反切上字的系联结果结合韵图的分类情况,可以把《广韵》的声母分为三十六个。此三十六声母和宋人三十六字母相比,唇音中少了"非敷奉微"四个;正齿音中多了五个,即三十六字母中的正齿音要分成要两组,即"庄初崇生"和"章昌船书禅",后人一般称其为"照二"组和"照三"组;喉音中"喻三"(云)、"喻四"(以)尚未合流为喻母,"喻三"(云)和"匣"是一个声母。详细分类和拟音见表2-4。

表2-4 《广韵》声母分类及拟音表

发音部位		发音方法					
		全清	次清	全浊	次浊	全清	全浊
唇音	重唇	帮 p (包含"非")	滂 pʻ (包含"敷")	并 b (包含"奉")	明 m (包含"微")		
舌音	舌头	端 t	透 tʻ	定 d	泥 n		
	半舌				来 l		
	舌上	知 ṭ	彻 ṭʻ	澄 ḍ	娘 ṇ		
齿音	齿头	精 ts	清 tsʻ	从 dz		心 s	邪 z
	正齿	庄 tʂ	初 tʂʻ	崇 dʐ		生 ʂ	
		章 tɕ	昌 tɕʻ	船 dʑ		书 ɕ	禅 ʑ
	半齿				日 nʑ-		
牙音		见 k	溪 kʻ	群 g	疑 ŋ		
喉音		影 ∅	晓 x	匣 ɣ (包含"喻三",即"云")	喻四 j (又名"以")		

(二)《广韵》的韵母

王力在《汉语史稿》中将《广韵》的韵类总数定为292类,不计声调为92类。这92类所含的不同韵母共有142个,其中阴声韵40个,阳声韵51个,入声韵51个,该统计与《韵镜》的分类基本符合,下面结合十六摄对206韵的分类,将该142个韵母罗列为表2-5。

表2-5 《广韵》韵母音值表

十六摄	阴声韵/阳声韵 二呼四等 (举平以赅上去)	入声韵 二呼四等	备注
通摄	东合一 uŋ	屋合一 uk	《韵镜》以"东""屋"为开口
	东合三 iuŋ	屋合三 iuk	同上
	冬合一 uoŋ	沃合一 uok	
	钟合三 iuoŋ	烛合三 iuok	

续表

十六摄	阴声韵/阳声韵 二呼四等 （举平以赅上去）	入声韵 二呼四等	备注
江摄	江开二 ɔŋ	觉开二 ɔk	
止摄	支开三 ie		
	支合三 iue		
	脂开三 i		
	脂合三 ui		
	之开三 ɪə		
	微开三 ɪəi		
	微合三 iuəi		
遇摄	鱼开三 io		
	虞合三 iu		
	模合一 u		
蟹摄	齐开四 iei		
	齐合四 iuei		
	（去声）祭开三 iɐi		"祭泰夬废"不与平上 声相配，下同
	（去声）祭合三 iuɐi		
	（去声）泰开一 ɑi		
	（去声）泰合一 uɑi		
	佳开二 ai		
	佳合二 uai		
	皆开二 ɐi		
	皆合二 iɐi		
	（去声）夬开二 æi		
	（去声）夬合二 uæi		
	灰合一 uɒi		
	咍开一 ɒi		
	（去声）废开三 iɐi		
	（去声）废合三 iuɐi		

续表

十六摄	阴声韵/阳声韵 二呼四等 （举平以赅上去）	入声韵 二呼四等	备注
臻摄	真开三 ien	质开三 iet	"真""谆""臻"在宋代"平水韵"已经合并为"真韵"。"真""谆"在早期《切韵》原本就为同韵，"真"与"臻"发音也接近，前人多主张合并，此处暂用[e][E]两个元音稍作区分，《汉语史稿》则用长短音区分。
	真合三 iuen	质合三 iuet	同上
	谆合三 iuEn	术合三 iuEt	同上
	臻开三 iEn	栉开三 iEt	同上
	文合三 iuən	物合三 iuət	
	欣开三 iən	迄开三 iət	
	魂合一 uən	没合一 uət	
	痕开一 ən	没开一 ət	"痕"所配的入声韵字少，没有单独立韵，被归入"没"
山摄	元开三 iɐn	月开三 iɐt	
	元合三 iuɐn	月合三 iuɐt	
	寒开一 an	曷开一 at	
	桓合一 uan	末合一 uat	
	删开二 an	辖开二 at	
	删合二 uan	辖合二 uat	
	山开二 æn	黠开二 æt	
	山合二 uæn	黠合二 uæt	
	先开四 iɛn	屑开四 iɛt	
	先合四 iuɛn	屑合四 iuɛt	
	仙开三 iæn	薛开三 iæt	
	仙合三 iuæn	薛合三 iuæt	
效摄	萧开四 ieu		
	宵开三 iɛu		
	肴开二 au		
	豪开一 au		

续表

十六摄	阴声韵/阳声韵 二呼四等 （举平以赅上去）	入声韵 二呼四等	备注
果摄	歌开一 ɑ		
	戈合一 uɑ		
	戈开三 iɑ		
	戈合三 iuɑ		
假摄	麻开二 a		
	麻合二 ua		
	麻开三 ia		
宕摄	阳开三 iaŋ	药开三 iak	
	阳合三 iuaŋ	药合三 iuak	
	唐开一 ɑŋ	铎开一 ɑk	
	唐合一 uɑŋ	铎合一 uɑk	
梗摄	庚开二 ɐŋ	陌开二 ɐk	
	庚合二 uɐŋ	陌合二 uɐk	
	庚开三 iɐŋ	陌开三 iɐk	
	庚合三 iuɐŋ		
	耕开二 æŋ	麦开二 æk	
	耕合二 uæŋ	麦合二 uæk	
	清开三 iɛŋ	昔开三 iɛk	
	清合三 iuɛŋ	昔合三 iuɛk	
	青开四 ieŋ	锡开四 iek	
	青合四 iueŋ	锡合四 iuek	
曾摄	蒸开三 iəŋ	职开三 iək	
		职合三 iuək	
	登开一 əŋ	德开一 ək	
	登合一 uəŋ	德合一 uək	
流摄	尤开三 ieu		
	侯开一 əu		
	幽开三 ieu		
深摄	侵开三 iem	缉开三 iep	

续表

十六摄	阴声韵/阳声韵 二呼四等 （举平以赅上去）	入声韵 二呼四等	备注
咸摄	覃开一 ɒm	合开一 ɒp	
	谈开一 ɑm	盍开一 ɑp	
	盐开三 iɛm	叶开三 iɛp	
	添开四 iem	帖开四 iep	
	咸开二 ɐp	洽开二 ɐp	
	衔开二 am	狎开二 ap	
	严开三 iɐm	业开三 iɐp	
	凡合三 iuɐm	乏合三 iuɐp	

表 2-5 中 142 个韵母的拟音主要参考高本汉《中国音韵学研究》和王力《汉语史稿》，这里仅在少数地方进行了简化处理。简化的地方主要有：对介音[u]、[w]不做区分，统一为[u]；对介音[i]、[j]不做区分，统一为[i]；不以长短音区分邻近的韵而改以开口度微殊的元音来区分。

第四节　从中古音到北京音的主要变化

一、汉语声母从中古到现代的发展

(一)全浊声母的清化

中古汉语的声母共有 36 个，其中"並"（含"奉"）、"定"、"澄"、"从"、"邪"、"崇"、"船"、"禅"、"群"、"匣"10 个全浊声母为全浊音，这些全浊音到了《中原音韵》时代全部发生清化，即与同部位的清音声母合并，从而大大减少了汉语声母的数量。

全浊的塞音和塞擦音受平声的影响多数变成了送气音，受仄声的影响多数变成了不送气音。这就是"平送仄不送"的浊音清化规则。

全浊擦音不受"平送仄不送"规则的影响，多变成同部位的清擦音，也有变成清塞擦音的情况。

表 2-6 所示是全浊塞音声母並母清化的例子。

表 2-6　全浊塞音声母並母清化

《广韵》读音	例字	北京音
並母[b]	《广韵》平声字：爬、排、牌、陪、朋、屏	[pʻ]
	《广韵》仄声字：罢（上声字）、病（去声字）、白（入声字）	[p]
	三十六字母中的奉母字（韵图全浊唇音合口三等字）：藩、伏	[f]

表 2-6 中,原读平声的"爬、排、牌、陪、朋、屏"等字由于是浊声母字,今天在普通话中只能读阳平。

(二)[f]的产生

[f]的前身是《切韵》时代的"帮""滂""並"三母,到了北宋初年的三十六字母时期,与合口三等韵相拼的"帮""滂""並"分别变成了"非""敷""奉"三母。元明时期,随着全浊音的消失,"非""敷""奉"三母合流并变成了[f]。其演变历程大致如表 2-7 所示。

表 2-7　[f]的产生

《广韵》声母及读音	例字	三十六字母读音	北京音
帮[p](部分)	反方分斧	非[pf]	[f]
滂[pʻ](部分)	仿丰俘妃	敷[pfʻ]	
並[b](部分)	乏泛坟符	奉[bv]	

(三)[tɕ]、[tɕʻ]、[ɕ]的产生

中古"见、溪、群、晓、匣"五纽的字与齐口、撮口呼韵母相拼时,受[i]、[y]韵头或韵母的影响而发生了腭化,腭化后舌位前移,遂变成了[tɕ]、[tɕʻ]、[ɕ]。中古"精、清、从、心、邪"五纽的字与齐口、撮口呼韵母相拼时,受[i]、[y]韵头或韵母的影响同样发生腭化,腭化后舌位后移,也变成了[tɕ]、[tɕʻ]、[ɕ]。详见表 2-8。

表 2-8　[tɕ]、[tɕʻ]、[ɕ]的产生

《广韵》读音	例字	北京音
精[ts]、清[tsʻ]、从[dz]、心[s]、邪[z]（与细音相拼部分）	将、枪、集、息、谢	[tɕ]、[tɕʻ]、[ɕ]
见[k]、溪[kʻ]、群[g]、晓[x]、匣[ɣ]（与细音相拼部分）	姜、腔、及、吸、械	

表 2-8 中,"将"与"姜"、"枪"与"腔"、"集"与"及"、"息"与"吸"、"谢"与"械"原本声母不同,而到了普通话中都变成了同音字。它们的音韵地位见下。

姜:《广韵》居良切,平声阳韵,见母。
将:《广韵》即良切,平声阳韵,精母。
腔:《广韵》苦江切,平声江韵,溪母。
枪:《广韵》七羊切,平声阳韵,清母。
及:《广韵》其立切,入声缉韵,群母。
集:《广韵》秦入切,入声缉韵,从母。
吸:《广韵》许及切,入声缉韵,晓母。
息:《广韵》相即切,入声职韵,心母。
械:《广韵》胡介切,去声怪韵,匣母。
谢:《广韵》辞夜切,去声祃韵,邪母。

像这样,精组声母和见晓组声母在今细音前没有分别,读音相同的情况叫"不分尖

团"。所谓"分尖团"是说精组和见晓组在今细音前有分别,读音不同。今天青岛、烟台等地方言仍旧分尖团。京剧的念白中也仍旧分尖团。

(四)[tʂ]、[tʂ']、[ʂ]的产生

[tʂ]、[tʂ']、[ʂ]三母是由中古的知组("知彻澄")、庄组("庄初崇生")、章组("章昌船书禅")声母合流而成,其演变的情形大致是:庄组、章组在唐末宋初之际合并为照组,大约到了《中原音韵》时期,知组又与照组合并。详见表2-9。

表 2-9 [tʂ]、[tʂ']、[ʂ]的产生

《广韵》声母	例字	三十六字母	北京音
知、彻、澄	追、宠、陈	知、彻、澄	[tʂ]、[tʂ']、[ʂ]
庄、初、崇、生	捉、插、柴、师	照、穿、床、审、禅	
章、昌、船、书、禅	锥、铡、唇、尸、睡		

表2-9中,"追"与"锥"、"师"与"尸",原本声母不同,而到了普通话中都变成了同音字。它们的音韵地位见下。

追:《广韵》陟佳切,平声脂韵,知母。
锥:《广韵》职追切,平声脂韵,章母。
师:《广韵》疏夷切,平声脂韵,生母。
尸:《广韵》式脂切,平声脂韵,书母。

当然,该演变也有少数例外,如"澄""庄""初""生"等声母字也有少数字在普通话中读为舌尖前的[ts]、[ts']、[s]。

(五)零声母字大量增加

隋唐时零声母只有一个影母,到了现代普通话中,中古的微母字(从明母分化而来)、绝大部分疑母字、大部分以母字(喻四)和云母字(喻三)以及少数日母字也变成了零声母,见表2-10。

表 2-10 零声母增加

《广韵》声母及读音	例字	北京音
影[ø-]	意、衣、於、威	[Ø]
微[m-]	武、微、文、晚	
疑[ŋ-]	义、魏、谊、鱼	
云(喻三)[ɣ-]	尤、卫、矣、于	
以(喻四)[j-]	由、移、予、唯	
日[ɲʑ-]	二、儿、耳	

上表中,"意"与"义"、"尤"与"由"、"魏"与"卫",原本声母不同,而到了普通话中都变成了同音字。"魏国"与"卫国"在战国时期发音本是可以分开的,现在普通话中仅就发音来说已经无法区别开来。上举部分例字的音韵地位见下。

意:《广韵》于记切,去声志韵,影母。
义:《广韵》宜寄切,去声寘韵,疑母。

尤:《广韵》羽求切,平声尤韵,云母。
由:《广韵》以周切,平声尤韵,以母。
魏:《广韵》鱼贵切,去声未韵,疑母。
卫:《广韵》于岁切,去声祭韵,云母。

二、汉语韵母从中古到现代的发展

《广韵》音系有 142 个韵母,而现代汉语普通话的韵母只有 39 个,南方汉语方言韵母数稍多,但也都远远低于《广韵》音系的韵母数,可见韵母的归并简化是汉语韵母系统发展的总规律。总体而言,汉语韵母从中古到现代的发展,其主要特点有:"二呼四等"的等呼格局简化为"开齐合撮"的四呼格局;相近韵母合并;韵尾类型减少;相近韵摄合流。

(一)"二呼四等"简化为"开齐合撮"

中古早期的韵图把《广韵》206 韵按主要元音和韵尾的差异归纳为十六摄①,每摄又根据韵头、韵腹的状况将韵母区分为开口韵和合口韵,以及一、二、三、四等,合称为"二呼四等"。中古的"开合""二呼四等"韵到今天普通话中简化为了开口呼、齐口呼、合口呼、撮口呼四类韵母,其对应的情形大致有以下 4 种。

(1)中古的开口一、二等韵变成了普通话的开口呼,如:
褒,《广韵》博毛切,平声豪韵开口一等字,帮母。
包,《广韵》布交切,平声肴韵开口二等字,帮母。
现在两字普通话统一念 bāo,开口一、二等韵合并为开口呼。

(2)中古开口三、四等韵变成了普通话的齐齿呼,如:
绵,《广韵》武延切,平声仙韵开口三等字,明母。
眠,《广韵》莫贤切,平声先韵开口四等字,明母。
现在两字普通话统一念 mián,开口三、四等韵合并为齐齿呼。

(3)中古合口一、二等韵变成了普通话的合口呼,如:
官,《广韵》古丸切,平声桓韵合口一等字,见母。
鳏,《广韵》古顽切,平声山韵合口二等字,见母。
现在两字普通话统一念 guān,合口一、二等韵合并为合口呼。

(4)中古合口三、四等韵变成普通话的撮口呼,如:
建,《广韵》居万切,去声愿韵合口三等字,见母。
见,《广韵》古电切,去声霰韵合口四等字,见母。
现在两字普通话统一念 jiàn,合口三、四等韵合并为撮口呼。

上述对应情况并不十分严格,几乎都有例外,如以下 2 种情况。

(1)中古开口二等韵与牙喉音相拼时,在今普通话中没有变为开口呼,而是变成了齐齿呼,如:
家,《广韵》古牙切,平声麻韵开口二等字,见母。今天普通话念 jiā。
闲,《广韵》户闲切,平声山韵开口二等字,匣母。今天普通话念 xián。

---

① 早期不一定有摄的命名,但事实上已经做了摄的分类。

街,《广韵》古谐切,平声皆韵开口二等字,见母。今天普通话念 jiē。
敲,《广韵》口交切,平声肴韵开口二等字,溪母。今天普通话念 qiāo。
上面 4 个字在今天汉口话中仍旧读开口呼。

(2)中古合口三等韵与知照系声母相拼时,在今普通话中没有变为撮口呼,而是变成了合口呼,如:

猪,《广韵》陟鱼切,平声鱼韵合口三等字,知母。今天普通话念 zhū。
书,《广韵》伤鱼切,平声鱼韵合口三等字,书母。今天普通话念 shū。
初,《广韵》楚居切,平声鱼韵合口三等字,初母。今天普通话念 chū。
上面 3 个字在今天汉口话中仍旧读撮口呼。

(二)相近韵母合并

由上面所举例子已经可以看到,同摄的一等韵与二等韵、三等韵与四等韵很多都发生了合并,所以现在普通话"褒"和"包"同音,"绵"和"眠"同音。不光如此,一部分三、四等韵与一、二等韵也可以发生合并,如以下三种。

(1)监,《广韵》格忏切,去声鉴韵开口二等字,见母。剑,《广韵》居欠切,去声梵韵开口三等字,见母。

现在两字普通话统一念 jiàn,即开口二等、三等合并。

(2)颜,《广韵》五奸切,平声删韵开口二等字,疑母。研,《广韵》五坚切,平声先韵开口四等字,疑母。

现在两字普通话统一念 yán,即开口二等、四等合并。

(3)木,《广韵》莫卜切,入声屋韵合口一等字,明母。目,《广韵》莫六切,入声屋韵合口三等字,明母。

现在两字普通话统一念 mù,即合口一等、三等合并。

像上面这样相近韵母的合并是中古韵母大量减少的重要原因之一。

(三)韵尾类型减少

普通话只有阴声韵和阳声韵,没有入声韵。中古阳声韵中的[-m]尾韵在普通话中已经消变成了[-n]尾韵,与原来的[-n]尾韵合流。中古的入声韵原有 3 种塞音韵尾[-p][-t][-k],普通话里这些塞音韵尾已经全部消失,所有的入声韵都与阴声韵合流,融入到阴声韵的四声之中。韵尾类型减少导致大量中古时不同音的韵母如今变为同音。

1.[-m]尾韵变为[-n]尾韵

《广韵》中深、咸两摄的阳声韵都属于[-m]尾韵,这类韵系共有 9 个,即"侵、覃、谈、盐、添、咸、衔、严、凡",共涉及《广韵》27 个韵。深、咸两摄[-m]尾韵变为[-n]尾韵后,深摄和臻摄,咸摄和山摄出现大量同音字。如以下所列例字。

(1)心,《广韵》息林切,深摄平声侵韵开口三等,心母。辛,《广韵》息邻切,臻摄平声真韵开口三等,心母。

"心"原为[-m]尾,今天普通话变为[-n]尾韵,读音同于"辛"。

(2)针,《广韵》职深切,深摄平声侵韵开口三等,章母。真,《广韵》职邻切,臻摄平声真韵开口三等,章母。

"针"原为[-m]尾,今天普通话变为[-n]尾韵,读音同于"真"。

(3)阴,《广韵》于金切,深摄平声侵韵开口三等,影母。因,《广韵》于真切,臻摄平声真韵开口三等,影母。

"阴"原为[-m]尾,今天普通话变为[-n]尾韵,读音同于"因"。

(4)兼,《广韵》古甜切,咸摄平声添韵开口四等,见母。肩,《广韵》古贤切,山摄平声先韵开口四等,见母。

"兼"原为[-m]尾,今天普通话变为[-n]尾韵,读音同于"肩"。

(5)担,《广韵》都甘切,咸摄平声谈韵开口一等,端母。丹,《广韵》都寒切,山摄平声寒韵开口一等,端母。

"担"原为[-m]尾,今天普通话变为[-n]尾韵,读音同于"丹"。

(6)甘,《广韵》古三切,咸摄平声谈韵开口一等见母。干,《广韵》古寒切,山摄平声寒韵开口一等见母。

"甘"原为[-m]尾,今天普通话变为[-n]尾韵,读音同于"干"。可见两字用作姓氏以前读音有别,现在无别。

深摄和臻摄、咸摄和山摄在今天广州话中,它们的读音仍旧可以通过韵尾相互区别。

2. 入声韵的消失

《广韵》中通摄、宕摄、江摄、臻摄、山摄、曾摄、梗摄、咸摄、深摄中的入声韵有[-p]、[-t]、[-k]三种清塞音韵尾,到了《中原音韵》时,这三种韵尾全部发生了脱落。韵尾脱落后,入声韵即转变成了阴声韵,遂与原阴声韵发生了混并。此外,也有韵尾不同的入声韵相互混并的情况。

入声韵与阴声韵混并的例子如下所示。

(1)剥,《广韵》北角切,江摄入声觉韵开口二等,帮母。波,《广韵》博禾切,果摄平声戈韵合口一等,帮母。

"剥"原为收[-k]尾韵的入声字,韵尾脱落后,发音同于阴声韵"波"。

(2)插,《广韵》楚洽切,咸摄入声洽韵开口三等,初母。差,《广韵》初牙切,假摄平声麻韵开口二等,初母。

"插"原为收[-p]尾韵的入声字,韵尾脱落后,发音同于阴声韵"差"。

(3)八,《广韵》博拔切,山摄入声黠韵开口二等,帮母。巴,《广韵》伯加切,假摄平声麻韵开口二等,帮母。

"八"原为收[-t]尾韵的入声字,韵尾脱落后,发音同于阴声韵"巴"。

多个入声韵混并的例子如:十,《广韵》是执切,深摄入声缉韵开口三等,禅母。石,《广韵》常只切,梗摄入声昔韵开口三等,禅母。实,《广韵》神质切,臻摄入声质韵开口三等,船母。

"十"为深摄入声字,为[-p]尾;"石"为梗摄入声字,为[-k]尾;"实"为臻摄入声字,为[-t]尾。三字在尾韵脱落后,其普通话发音相同。

鼻音韵尾简化、入声韵尾消失恐怕很早就已经开始。《全唐诗》中收录了唐末诗人胡曾的《戏妻族语不正》这首诗:"呼十却为石,唤针将作真。忽然云雨至,总道是天因。"诗里胡曾嘲笑他妻子"十""石"不分、"针""真"不分、"阴""因"不分,说明在唐末某些方言中,入声已经开始退化或消失,[-m]尾韵已经变为[-n]尾韵。但是胡曾有很强的正音意识,他执着地认为在唐末的读书音中[-m]尾韵和入声韵都是必需的。

(四)相近韵摄合流

上面提到[-m]尾韵后代都变为[-n]尾韵,这样深摄和臻摄、咸摄和山摄,都会出现很多阳声韵的混并,甚至出现一系列的同音字,如上面举到的"阴"和"因"、"甘"和"干"等。

此外,韵摄部分合流的现象还体现在宕摄和江摄、曾摄和梗摄上面。这两对韵摄都为舌根音韵尾[-ŋ]和[-k],宕摄和江摄的主要元音非常接近,曾摄和梗摄的主要元音也比较接近,到了普通话中主要元音的对立基本消失,原本有差异的韵母也就大量合流。稍举几例就可以看到这种元音对立情况的消失。

旁,《广韵》步光切,宕摄平声唐韵开口一等,並母。
庞,《广韵》薄江切,江摄平声江韵开口二等,並母。
羌,《广韵》去羊切,宕摄平声阳韵开口三等,溪母。
腔,《广韵》苦江切,江摄平声江韵开口二等,溪母。

上面"旁""庞"同音,"羌""腔"同音,显示宕摄、江摄已经部分合流。

冰,《广韵》笔陵切,曾摄平声蒸韵开口三等,帮母。
兵,《广韵》甫明切,梗摄平声庚韵开口三等,帮母。
升,《广韵》识蒸切,曾摄平声蒸韵开口三等,书母。
声,《广韵》书盈切,梗摄平声清韵开口三等,书母。

上面"冰""兵"同音,"升""声"同音,显示曾摄、梗摄已经部分合流。

三、汉语声调从中古到现代的发展

《广韵》以平、上、去、入四个声调来分卷,所以今天我们对某字在中古的调类非常清楚,但对其准确调值则无从知晓。中古的四声到普通话里已经演变为阴平、阳平、上声、去声四个声调,其演变规则如下。

(一)平分阴阳

中古的平声在现代普通话中变成了阴平和阳平两个调类,其分化的条件是声母的清浊,其规则是:

(1)声母为全清、次清的古平声字,普通话中都读作阴平声。下面以平声麻韵字为例看声母是如何影响平声声调的分化的。

家,《广韵》古牙切,平声麻韵,牙音全清见母字。今普通话念阴平 jiā。
遮,《广韵》正奢切,平声麻韵,齿音全清章母字。今普通话念阴平 zhē。
车,《广韵》尺遮切,平声麻韵,齿音次清昌母字。今普通话念阴平 chē。

(2)声母为全浊、次浊的古平声字,普通话中都读作阳平声。例如以下字。

牙,《广韵》五加切,平声麻韵,牙音次浊疑母字。今普通话念阳平 yá。
蛇,《广韵》食遮切,平声麻韵,齿音全浊船母字。今普通话念阳平 shé。
佘,《广韵》视遮切,平声麻韵,齿音全浊禅母字。今普通话念阳平 shé。

上面"家,《广韵》古牙切",依反切可知"家""牙"原本就同为平声调,仅仅因为"家"的声母为全清见母字,"牙"的声母为次浊疑母字,所以"家"后来念阴平,"牙"后来念阳平。这就叫"平分阴阳"。

（二）全浊变去（浊上变去）

"全浊变去"是中古上声字中的全浊声母字在现代普通话中多数都读成了去声，这个变化至少在唐代末年已经开始。到了现代普通话中，大部分全浊上声字都变成了去声。例如以下 3 字。

父，《广韵》扶雨切，上声麌韵，唇音全浊奉母字。今普通话念 fù，变为去声。但其《广韵》的反切下字"雨"仍为上声。

皂，《广韵》昨早切，上声晧韵，齿音全浊从母字。今普通话念 zào，变为去声。但其《广韵》的反切下字"早"仍为上声。

巨，《广韵》其吕切，上声语韵，牙音全浊群母字。今普通话念 jù，变为去声。但其《广韵》的反切下字"吕"仍为上声。

"肚"今天有两个读音，义为"用作食物的动物的胃"时念 dǔ，义为"腹部"时念 dù。两字在《广韵》原本都为上声字，其反切下字均为"古"，唯反切上字不同。

前一个"肚"，《广韵》当古切，上声姥韵，舌音全清端母字。今普通话仍读上声。

后一个"肚"，《广韵》徒古切，上声姥韵，舌音全浊定母字。今普通话念 dù，变为去声。

（三）入派三声

中古的入声韵不仅是一个独立的调类，而且还是与阴声韵、阳声韵三足鼎立的一类韵。《广韵》入声原有[-p]、[t]、[-k]塞音韵尾，在普通话中这些韵尾全部失落。入声韵在消变为普通话的阴声韵时其调值受到声母清浊的影响也发生了分化，其变化规律是：全浊变阳平；次浊变去声；清音变四声，其中变为去声的字最多。

（1）全浊变阳平的，下举两例。

笛，《广韵》徒历切，入声锡韵，舌音全浊定母字，今普通话念阳平 dí。

白，《广韵》傍陌切，入声陌韵，舌音全浊并母字，今普通话念阳平 bái。

（2）次浊变去声的，下举两例。

六，《广韵》力竹切，入声屋韵，舌音次浊来母字，今普通话念去声 liù。

月，《广韵》鱼厥切，入声月韵，牙音次浊疑母字，今普通话念去声 yuè。

（3）清音变四声，本身规律性较弱，下各举一例。

剥，《广韵》北角切，入声觉韵，唇音全清帮母字，今普通话念阴平 bō。

哲，《广韵》陟列切，入声薛韵，舌音全清知母字，今普通话念阳平 zhé。

骨，《广韵》古忽切，入声没韵，牙音全清见母字，今普通话念上声 gǔ。

速，《广韵》桑谷切，入声屋韵，齿音全清心母字，今普通话念去声 sù。

中古平、上、去、入四声与普通话四声对应关系见表 2-11。

表 2-11　中古平、上、去、入四声与普通话四声对应关系

中古四声清浊			普通话四声			
			阴平	阳平	上声	去声
平	清		东般吹支			
	浊	全浊		唐蛇传随		
		次浊		羊牛奴来		

续表

中古四声清浊			普通话四声			
			阴平	阳平	上声	去声
上	清				子好所小	
	浊	全浊				父皂巨舅
		次浊			以女远米	
去	清					赞去应向
	浊	全浊				恨病殉盗
		次浊				亮论样漫
入	清		噎剥割八	酌劫竹折	脚百笔雪	粟必祝速
	浊	全浊		笛白食俗		
		次浊				若六月业

从表 2-11 中可以看出,普通话的阴平来自中古清声母平声字和部分清声母入声字,无全浊声母来源;普通话的阳平来自中古浊声母平声字、全浊声母入声字和部分清声母入声字;普通话的上声来自中古清声母、次浊声母上声字和部分清声母入声字,无全浊声母来源;普通话的去声来自中古去声字、全浊声母上声字、次浊声母入声字和部分清声母入声字。今天普通话读阴平、上声的字一定不是古代的全浊声母字。

第五节　上古音与《诗》用韵

一、研究上古韵母的难点

六朝以后的人明显感受到了《诗》的用韵以后代读音来诵读是不谐和的,他们最初是用临时改读某些字音的方法来变通,称为"协句",到了宋代,吴棫、朱熹发展出了更为全面的"叶音说"。如《诗·周南·关雎》:"参差荇菜,左右采之。窈窕淑女,琴瑟友之。"朱熹的《诗集传》在"采"字下注"叶此履反","友"下注"叶羽已反"。这样主观地随文改音,削足适履,即便对古音偶有揭示,但与系统科学的上古音研究还是大相径庭的。

中古时期的文人和僧侣已经有了记音、审音的意识和能力,他们为后人留下了珍贵的韵书和韵图,所以我们今天可以相对完整地了解中古时期汉语的声韵调状况。而上古音研究则缺乏这样的系统性材料,只能透过《诗》等韵文的押韵系统和汉字的谐声系统去间接推求上古音的大致面貌。

二、丝联绳引法

研究上古的韵母系统首先要整理归纳出《诗》的押韵系统,整理归纳的第一步就是系联《诗经》的韵脚字。

如《诗·周南·关雎》:"关关雎鸠,在河之洲。窈窕淑女,君子好逑。参差荇菜,左右流之。窈窕淑女,寤寐求之。""鸠""洲""逑""流""求"押韵。

《诗·小雅·雨无正》:"哿矣能言,巧言如流,俾躬处休。""流"和"休"押韵。

《诗·商颂·长发》:"受小球大球,为下国缀旒,何天之休。不竞不绿,不刚不柔。敷政优优,百禄是遒。""球""旒""休""绿""柔""优""遒"押韵。

按照韵脚字系联法,第一首的"鸠""洲""逑""流""求"押韵,由第二首的"流"系联得到其与"休"为同一韵部,由第三首的"休"系联得到"球""旒""绿""柔""优""遒"亦为同一韵部。上述各字在《广韵》中都属平声尤韵,在中古、现代也可押韵,上古归为同一韵部自是允当。这种系联韵脚字的方法,后人称为"丝联绳引法"。

然而《诗》中并非所有的押韵都如上面这样韵例简单、古今谐和,因为《诗》本质上属于自由体诗歌,韵例格外复杂,加之古今音转,想要正确地找出每一组韵脚并不是一件很容易的事情。

如《诗·王风·黍离》:"彼黍离离,彼稷之苗。行迈靡靡,中心摇摇。知我者,谓我心忧,不知我者,谓我何求。悠悠苍天,此何人哉!"一章之内,"离"与"靡"押韵,"苗"与"摇"押韵,"忧"与"求"押韵,"天"与"人"押韵。既有句句押韵,又有交叉押韵,既有换韵,还有不用尾字押韵的。可见先秦韵文的韵脚位置并不稳定。

又如《诗·唐风·扬之水》:"扬之水,白石粼粼。我闻有命,不敢以告人。"一章之内,"粼""命""人"应该押韵。然而很明显这3个韵脚在中古的声调和韵尾皆有较大的差异,是古今音变,还是邻韵通押,判断起来很困难。

正是由于这些困难,从清初的顾炎武开始,虽然大家都能离析《唐韵》(即《切韵》音系),都采用"丝联绳引法"开展韵脚字系联,但得到的关于《诗》韵部分类的结论却不完全相同。顾炎武分十部,江永分十三部,段玉裁分十七部,戴震分二十五部,黄侃分二十八部,近人王力分二十九部,后又综合《楚辞》的用韵,将先秦古韵分为三十部。之所以越分越细,关键在于后人的审音水平逐渐提高,诸多临近韵部的合韵或通押都被分析出来。

三、谐声必同部

《诗》和其他先秦韵文的入韵字毕竟有限,段玉裁开始将汉字的谐声系统与上古韵文的押韵结合起来进行古韵的分部研究。谐声字即形声字,形声字的声符又叫主谐字,以主谐字作为声符的形声字又叫被谐字,被谐字还可以作为主谐字构成新的形声字,从而形成多层级的谐声系统。段玉裁认为"一声可谐万字,万字而必同部"。他认为只要某个声符上古归于某部,同声符的一系列字都属于该韵部。如以"包"为声符的"苞""胞""饱""雹""抱"等字皆属同一韵部。该论断虽稍显武断,对文字孳乳变形的长期性复杂性估计不足,然而在绝大多数情况下,"同谐声者必同部"仍是成立的,同时它也是学者们对《诗》韵字系联结果进行验证的重要手段。如:

《诗·召南·野有死麕》:"野有死麕,白茅包之。有女怀春,吉士诱之。"此处"包"与"诱"的中古音虽大相径庭,实则却为押韵关系,如结合下例一起观察,则恍然大悟。

《诗·大雅·生民》:"茀厥丰草,种之黄茂。实方实苞,实种实褎。实发实秀,实坚实好。"此处"苞""秀""草""茂""褎""好"押韵。

"包"与"苞"谐声,"秀"与"诱"谐声,那么"包"与"诱"押韵、"苞"与"秀"押韵自然绝非偶然,"包"和"秀"它们两者的谐声字都可以归入同一韵部。当然,谐声字所反映的语音现象虽然大体上与《诗》及其他先秦韵文的押韵相符合,但也有少数不一致的地方。如以"求"为声符的"球""逑""救""絿"在《诗》里均可互相押韵,唯独"裘"字却只能与其他韵部字押韵,这可能是因为"裘"原先并非从"求"得声,乃是后来才改换了声符,从"求"得声。可见在时间上,《诗》押韵的时代也有一些不能跟汉字谐声的时代完全重合。

四、上古三十韵部系统

今《汉语大字典》《故训汇纂》《字源》等大型中文工具书多采用的是上古三十韵部的系统,现将该上古韵部系统列表见表 2-12。

表 2-12 上古韵部

阴声韵	入声韵	阳声韵
之	职	蒸
幽	沃	冬
宵	药	
侯	屋	东
鱼	铎	阳
支	锡	耕
脂	质	真
歌	月	元
微	术	文
	缉	侵
	盍	谈

该上古韵部系统具有如下特点:①离析了《切韵》音系。早期古音学家囿于切韵系韵书的限制,只就中古韵目求其合韵,不能从《诗》实际押韵出发析分《切韵》韵目,分部极少。宋代的吴棫仅分九部,稍后的郑庠仅分六部。从清初顾炎武开始,古音学家离析唐韵,这样中古的一个韵可能整个并于上古某一部,也可能别归于上古某两部、某三部,一切都视实际押韵情况而定。如《广韵》尤韵字部分归于幽部,另一部分则归于之部。②三十韵部按韵尾的不同分成阴、阳、入 3 类并按主要元音相同或相近互相搭配成为 11 类。阴、阳、入三类相配的格局可以很好地解释在主要元音相同或相近的情况下阴、阳、入三类韵部相互对转押韵的现象。③同一谐声偏旁的字均属同一韵部。如上举以"包""求"为声符的字多归幽部,偶有例外也都另有原因。④从分不从合,不因少数邻韵合韵就合并韵部。《诗》《楚辞》邻近的韵部时有合韵的现象,前代古音学家多把它们视作同韵合为一个韵部,今人注重各个韵部独用的主流,析分韵部尽量从分不从合。

上面所列上古三十个韵部,每个韵部都包含多个韵母。然而学者对这些韵母的具体音值学者的构拟仍有较多分歧,只好阙如。目前能够确定的是,阳声韵部中,"蒸、冬、东、阳、耕"这五部收[ŋ]尾;"元、真、文"这三部收[n]尾;"谈、侵"这两部收[m]尾。入声韵部中,"职、沃、药、屋、铎、锡"这六部收[k]尾;"质、月、术"三部收[t]尾;"缉、盍"两部收[p]尾。阴声韵是以元音收尾还是以辅音收尾,尚有不同的意见。

五、上古声母研究的主要结论

考求上古声母的时候，先秦韵文就不起作用了，最主要的资料是谐声字，另外异文、通假字、声训、随文注释、方言、外来词、一字多切语等也可以作为参证。以上这些材料很多涉及中古的两类声母，而中古距离上古时间相对比较近，语音的变化尚不至于面目全非，我们可以大胆地推测中古的这两类声母在上古可能是一类声母，从而勾勒出古今声母变化的一些雏形。下面我们介绍前人根据以上材料和方法研究上古声母时提出的几项重要假设和结论。

（一）"古无轻唇音"

所谓"古无轻唇音"是钱大昕在《十驾斋养新录》中结合前人观点总结的，它指的是轻唇音"非敷奉微"在上古是不存在的，应该和"帮滂并明"是一组声母。因为在《切韵》音系中"非敷奉微"和"帮滂并明"仍是一组声母，还没有分化，所以这一结论应该是确凿无疑的。

支持这一结论的谐声材料如："非"（非母字）为轻唇音，"悲"（帮母字）为重唇音；"孚"（敷母字）为轻唇音，"脬"（滂母字）为重唇音；"冯"（奉母字）为轻唇音，"憑"（即"凭"，并母字）为重唇音；"文"（微母字）为轻唇音，"闵"（明母字）为重唇音。

支持这一结论的异文材料如：《尚书·禹贡》中的"岷山"，《史记·夏本纪》中写作"汶山"，"汶"（微母字）为轻唇音，"岷"（明母字）为重唇音。

此外，一些地名、姓氏的旧读均为重唇音，而其作为基本义时却念作轻唇音，我们有理由相信地名、姓氏等具有很强的稳定性，保留了更早的发音。例如以下 3 字。

"费"表"花费、费用"义时，音 fèi，为敷母字，而作为"春秋季孙氏封邑"时读作 bì，为帮母字。

"房"表"房间"义时，音 fáng，为奉母字，而古代建筑群"阿房宫"却读作 ē páng gōng，为并母字。

"逢"表"遇到"义时，音 féng，为奉母字，而作为姓氏时读作 páng，如古代有"逢蒙""逢丑父"，另外古代表泽薮的"逢泽"读作 páng zé，这些"逢"均为并母字。

今天厦门、福州等地闽语方言中仍只有重唇音而没有轻唇音，这更说明轻唇音是从重唇音中分化而来的。

（二）"古无舌上音"

所谓"古无舌上音"是指三十六字母中的"知彻澄"这组音在上古并不存在，它们是从"端透定"中分化而出的。这是钱大昕所得出的又一重要结论。在《广韵》中，舌头音和舌上音虽然可以分开，但仍有个别反切是混淆在一起的，如："贮"，《广韵》丁吕切，"丁"为端母字，"贮"为知母字，俗称这类反切为"类隔切"。钱大昕认为"舌音类隔之说不可信"，上古"知彻澄"与"端透定"无异，舌音类隔切实际上是音和切。

支持这一结论的谐声材料如："竹"（知母字）为舌上音，"笃"（端母字）为舌头音；"兆"（澄母字）为舌上音，"桃"（定母字）为舌头音；"台"（透母字）为舌头音，"笞"（彻母字）为舌上音。

支持这一结论的异文材料如：《后汉书·杜笃传》："摧天督，牵象犀。"李贤注："即天竺国。""督"(端母字)为舌头音,"竺"(知母字)为舌上音。

又《史记·田敬仲完世家》:"敬仲之如齐,以陈字为田氏。"陈完为齐国田氏始祖,陈国灭亡后奔齐以国为氏。"陈""田"上古同音。"田"(定母字)为舌头音,"陈"(澄母字)为舌上音。

前期的甲骨文常常借"鼎"字为"贞"字。"鼎"(端母字)为舌头音,"贞"(知母字)为舌上音。

今天厦门话,将"猪"(知母字)念作[ti],"茶"(澄母字)念作[te],"丑"(彻母字)念作[t'iu],仍将这些舌上音字念作成舌头音。

(三)"章系归端"

所谓"章系归端"是指"照三"组声母"章昌船书禅"在上古的发音同于"端透定"。钱大昕已提及"古人多舌音"的现象并举了章组声母读为舌头音的例子,黄侃则更明确地指出"照三归端"[①]。

支持这一结论的谐声材料如:"单"(端母字),为端系字,"阐"(昌母字),为章系字;"周"(章母字),为章系字,"雕"(端母字),为端系字;"登"(端母字),为端系字,"證"(即"证",章母字),为章系字。

声训的材料如:《白虎通义·卷三》:"冬之为言终也。""东"为端母字,"终"为章母字。《礼记·曲礼下》:"岁凶年谷不登。"郑玄注:"登,成也。""登"为端母字,"成"为禅母字。

仅就谐声而言,章系字的来源就很复杂,简单地认为"章系归端"证据不足,另外在方言中也难以找到相关的例证。

(四)"娘、日归泥"

所谓"娘、日归泥",是指三十六字母中的娘、日二母在上古均读作泥母。这是章太炎在《国故论衡·古音娘日二纽归泥说》中提出的。在章氏之前,钱大昕已经证明了古无娘母。

从韵图上看,娘母字和泥母字在中古是互补出现的,并不冲突,很多人原本就把它们当作一个音位。并且从谐声关系上,两者也是可以相互谐声的,如"尼"为娘母字,"泥"却为泥母字;"奴"为泥母字,"呶"却为娘母字。

日母和泥母谐声的例子,如:"而"为日母字,"耐"为泥母字;"若"为日母字,"诺"为泥母字;"弱"为日母字,"溺"为泥母字。

日母字和泥母字可互为声训。《释名·释长幼》云:"男,任也。""男"为泥母字,"任"为日母字。《释名·释言语》:"入,内也。""入"为日母字,"内"却为泥母字。

另外,古书中第二人称"汝"常写作"女",而"女"为娘母字,"汝"为日母字。

今天多数学者认为"日"与"泥"只是相近,在上古仍是分立的。至于娘母与泥纽的关系,多数学者认为它们在《切韵》时代尚且为一类,在上古自然为一类。

---

① 黄侃.黄侃论学杂著[M].上海:上海古籍出版社,1980:100.

（五）"照二归精"

"照二归精"，指的是中古"照二"组声母"庄初崇生"在上古的发音同于"精清从心"。该假说同"照三归端"都是由黄侃明确提出的，合起来就是"古无照穿床审禅"。

支持"照二归精"的谐声材料如："则"为精母字，"侧"为庄母字；"刍"为初母字，"趋"为清母字；"宗"为精母字，"崇"为崇母字。

在《广韵》中："省"的读音既有"息井切"，也有"所景切"；"洒"的读音既有"先礼切"，也有"所卖切"；"参"的读音既有"仓含切"，也有"所今切"。"息"和"先"是心母字，"仓"是清母字，"所"是生母字。"照二"组声母和精组声母可以同时给同一个字注音，说明它们存在比较密切的关系。

（六）"喻三归匣"

"喻三归匣"指中古喻母三等字（又称"云母"字）上古属于匣母。韵图中"喻三"和匣母出现的环境原本就是互补的，"喻三"只跟三等韵相拼，匣母只跟一、二、四等韵相拼，它们在《切韵》的时代就可以归结为一个音位，所以说上古"喻三归匣"是完全可信的。明确提出"喻三归匣"的是近人曾运乾，他举了很多文献材料，如：

《礼记·少仪》："祭祀之美，齐齐皇皇。"郑玄注："皇读如归往之往。""皇"是匣母字，"往"是喻母三等字。

《左传·襄公二十七年》"陈孔奂"，《公羊传》写作"陈孔瑗"。"奂"是匣母字，"瑗"是喻母三等字。

（七）"喻四归定"

"喻四归定"指中古喻母四等字（又称"以母"字）上古属于定母。这一观点也是曾运乾提出的。①

支持"喻四归定"的谐声材料如：

"余"为以母字，"荼"为定母字；"佚"为以母字，"迭"为定母字；"夷"为以母字，"荑"为定母字；"由"为以母字，"笛"为定母字。

《管子·卷十》："今夫易牙，子之不能爱，将安能爱君？"《论衡·谴告》："狄牙之调味也。""狄牙"即"易牙"，是齐桓公时的佞臣，"易"为以母字，"狄"为定母字。

《释名·释亲属》："妻之姊妹曰姨。姨，弟也，言与己妻相长弟也。""姨"声训为"弟"，"姨"为以母字，"弟"为定母字。

六、上古单声母系统

根据以上7条假说和结论，可以粗略把上古汉语单声母列成表2-13。

表2-13 上古汉语单声母表

唇音	帮滂并明 （备注：中古"非敷奉微"从该组分出）

---

① 参见曾运乾.喻母古读考[J].安徽大学月刊,1933年第1期,原刊于《东北大学季刊》1928年第2期。

	续表
舌音	端透定泥来 （备注：中古"知彻澄娘""章昌船书禅""以""日"从该组分出）
齿音	精清从心邪 （备注：中古"庄初崇生"从该组分出）
牙喉音	见溪群疑晓匣影 （备注：中古"云"从该组分出）

上述 21 个单声母并不是上古实际的声母系统，只能认为是一种假说，毕竟谐声、异文、声训等材料用于考察上古声母仍有很大的局限性。很多时候它们代表的两个声类可能并非同一音位，只是由于它们的音值相近，于是古人就互相借用，此外，还可能有不同的方言用字等现象掺杂在其中。

王力先生曾把上古声母系统拟测为 32 个声母，"庄初崇生""章昌船书禅""以""日"仍旧是独立的声母，其基本的认识就是：存在谐声关系的中古声母在上古可能只是发音近似，但并不同类。

以往学者认为上古汉语应该和现代汉语一样都是单辅音，近几十年随着汉藏历史比较语言学的兴起，越来越多的学者相信上古汉语和境内一些少数民族语言一样也有复辅音。很多谐声字的材料提供了上古汉语可能存在复辅音的线索。例如：来母字就经常与见母字谐声，"裸"字的声符是"果"字，"洛"字的声符是"各"字，"廉"字的声符是"兼"字，因此有人就构拟出[*kl-]这类的复辅音。再如："剥"字的声符是"录"，"凛"字的声符是"禀"，有人就构拟出[*pl-]这类的复辅音。诸如此类的例子很多，但正如前面提到的，谐声字用于上古声韵母的拟测很多时候还显得不够严谨，详细的上古声母系统的构建还有待进一步的研究。

七、上古的声调

中古汉语有四个声调，文献中对此有明确记载，另《切韵》系韵书及韵图展示的中古完整的声调系统，何字归于何种声调都是十分确切的。然而上古汉语有没有声调，有几种声调，文献中没有明确的记载，只能根据先秦韵文和谐声字等材料推测上古的声调状况。明末清初以来诸多学者依据不同的材料提出了种种关于上古声调种类的主张，有人认为上古声调与中古差异不大，也有人认为上古没有声调的区分，有人认为上古没有去声，也有人认为上古没有入声。

最具影响的关于上古声调种类的拟测是段玉裁在《六书音均表一·古四声说》中提出的"古无去声"的主张，王力赞同这一观点，认为大部分去声字在上古属于入声，到中古丧失了韵尾，变为去声。在《诗》中的确有很多去声字是和入声字通押的，王力把这些去声字一并归入到入声韵部。另外，从谐声偏旁可以看到去声跟入声关系亲密。如："试""弑"都以"式"作为声符，"式"为入声字，"试"和"弑"都为去声字。

根据唐作藩的统计，中古同调类的字自相押韵的在《诗》中占 80% 以上，说明中古声调的区别在《诗》的时代已经基本形成了。因此，越来越多的学者都倾向于认为上古声调和中古声调基本上相同，只是在个别字上有差别。

如果把时间进一步提前，比如提前到汉字谐声的时间，很多学者认为平、上、去、入原本不是音高的区别,而是韵尾辅音的区别。其中,平声不带任何辅音韵尾,上声带有喉塞音韵尾,去声带有[-s]韵尾,入声带有[-p]、[-t]、[-k]塞音韵尾。大约到了《诗》的时代,辅音韵尾逐渐消失,四类字转而成为由音高的变化来区别,于是四声就产生了。这类变化在汉藏语的其他语言中也存在,并非孤例。由此看来,上古汉语既有复辅音,又有多种辅音韵尾,它的音节结构比之现代汉语是异常复杂的。

思考与训练

1. 试分析"虾饺"一词在广州话和普通话中的读音差异。
2. 任选10首唐人律诗,标注押韵字所属的《广韵》韵目。
3. 结合文字的音韵地位讨论以下两字为何有异读:

危,《广韵》鱼为切,平声支韵,疑母;期,《广韵》渠之切,平声之韵,群母。

4. 结合文字的音韵地位讨论下文的分析是否正确。

西夏双声,又有中高四下之大屋之训,则夏之含义实包蕴西方,此考之文字,知中国人种来自西域之证四也。(陈钟凡《文字学上之中国人种起源考》)

西,《广韵》先稽切,平声齐韵,心母;

夏,《广韵》胡雅切,上声马韵,匣母。

5. 什么叫"分尖团"?该现象在方言或文艺作品是否有体现?
6. 中古的四声和普通话的四声有什么不同?它们之间有何对应规律?
7. 结合文字的音韵地位讨论王念孙的观点是否正确。

《史记·太史公自序》:"圣人不朽,时变是守。"《汉书·司马迁传》"朽"作"巧"。颜师古曰:"无机巧之心,但顺时也。"念孙案:《史记》原文盖亦作"圣人不巧"。今本作"朽"者,后人以"巧"与"守"韵不相协而改之也。不知"巧"字古读若"糗",正与"守"为韵。(王念孙《读书杂志·〈史记〉杂志》)

巧,《广韵》苦绞切,上声巧韵,溪母,上古幽部;

守,《广韵》书九切,上声有韵,书母,上古幽部。

8. 《诗·大雅·既醉》:"孝子不匮,永锡尔类。"其中某字为通假字,请指出该字的本字,并分析其使用通假字的原因。
9. 汉语语音简化主要表现在语音发展的哪些方面?

本章主要参考文献

1. 王力.汉语史稿[M].3版.北京:中华书局,2015.
2. [瑞典]高本汉.中国音韵学研究[M].赵元任,罗常培,李方桂,译.北京:商务印书馆,1995.
3. 唐作藩.音韵学教程[M].5版.北京:北京大学出版社,2016.
4. 丁声树,李荣.汉语音韵讲义[M].上海:上海教育出版社,1984.
5. 万献初.音韵学要略[M].2版.武汉:武汉大学出版社,2012.
6. 胡安顺.音韵学通论[M].北京:中华书局,2003.
7. 章太炎.章太炎全集[M].上海:上海人民出版社,1999.

第三章 汉语词汇史知识

第一节 汉语词汇史的基础知识

一、词汇史的研究对象和研究方法

简单地说,汉语词汇史就是汉语词汇演变发展的历史和规律。这里所说的"词汇的演变"大致包含了两个方面:一是新旧词的替换,即概念怎么变了名称,如"筷子"代替了"箸";二是词义本身的变化,即词怎么变了意义,如表"官署"义的"寺"后来有了寺庙的意义。除了以上两点,借词、译词、同源字、滋生词等问题,严格地讲仍旧属于创造新词或由旧词产生新义的问题。

汉语词汇史跟传统训诂学密切相关。传统训诂学以通经为实用目的,以先秦两汉传世文献典籍中的疑难词汇为主要的研究对象,训诂学家在广泛释义的基础上为词汇史积累了许多有用的方法和材料。直到今天,训诂学家常用的以形索义、因声求义仍旧是词汇史上探求词义源流最重要的方法,大多数词汇史语料都要倚赖训诂学家进行注释或阐发。

汉语词汇史与文字学也密切相关。研究汉语词汇史必然会碰到"字"和"词"的关系问题,因为几乎所有的单音节词和降级使用的构词语素都是用一个汉字来记录的,一个字就是一个词。词义的引申、词汇的孳乳衍生很多都会经用字者之手在文字上予以体现。如引申出"懈怠"义的"解"后来写作了"懈"。可见,文字的发展很大程度上是靠词汇的使用来推动的。然而,很多时候文字和词汇并不能一一对应,一种情况是语言中已有相应的词,却没有专门记录它的本字,也就是"有音无字",只能找个同音字来替代,形成假借字;另一种情况是同一个词,不同的时代用不同的字来表示,形成古今字;还有一种情况是同一个字,在不同的时代代表不同的词,却都是本字,于是形成两词同形的关系,如"喝"既可以表示"声音嘶哑",又可以表示"饮用"和"吸气"。因此,拨开文字的迷雾才能解开词汇发展的真相。

汉语词汇史还需要利用语义学的理论和方法。义位和义素是我们用得最多的两个概念。

义位是词义的构成单位和表现单位,是语言中最小的能够独立运用的语义单位。除了单义词,词在储存状态下常是多个义位的组合,其中既有本义也有引申义,而进入使用状态,则只能显现其中的一个义位。下面我们在介绍词义的发展时一般以义位为基本单位。

义素是对某个具体义位进行分析得到的最小的语义单位,又叫作区别性语义特征。如"洗""沐""浴""盥"是一组类义词,有意义近似的义位,它们在上古既有共同的义素"洗",又有不同的对象义素,如《说文解字》中对它们解释是:"洗,洒足也。""沐,濯发也。""浴,洒身也。""盥,澡手也。"可见原先四者洗的部位均不相同。今天"洗"这个词脱落了表示动作对象的义素,所以它的意义可以指"洗一切污垢"。

二、汉语词汇发展的三个阶段

根据王宁等先生的观点,汉语词汇积累大约经历三个阶段①,即原生阶段、滋生②阶段与合成阶段。这三个阶段很难划分出一个绝对的时间界限,只是在不同的阶段,各以一种造词方式为主要方式。

原生阶段是史前时期原生词大量出现的时期,这些词的音义关系多数都是约定俗成的,后人很难推测其理据。《荀子·正名》:"名无固宜,约之以命。约定俗成谓之宜,异于约则谓不宜。"就是指早期的原生词,它们的音义关系是约定俗成的。当然不能排除少数的象声词是描摹自然界的声音创造出来的。今天我们从甲骨文中辨认出的自然名物词(如"日""月""水""山""雨")、方位词("上""下""左""右")、亲属词("父""母""子""女")应该在原生阶段就已经诞生,它们都以单音节为主要形式,后来成为汉语的基础词汇,奠定了汉语词汇发展的基础。

滋生阶段主要是通过改变旧词音节或声调读音来造出新的滋生词。语音交替的内部曲折造词是滋生阶段最主要的造词方式。商周之交可能就已产生了为数不少的滋生词,春秋到两汉时期则是汉语词汇滋生的高峰,该阶段汉语从已有的原生词中大量滋生出音义相近或相关的单音节新词,并进一步促成了汉字的孳乳分化,从而诞生了诸多的分别字,如从"四"分化出"驷",从"弟"分化出"悌"。该阶段是四书五经等重要文献典籍大量产生的时期,作为后代两千多年文学语言典范的文言文也是在这一时期稳定下来的,单音节占优势是文言文最为突出的特点。当然,在滋生造词占据主流的周秦文献中还有为数可观的叠音词、联绵词和复合词。"采采""窈窕""君子""社稷""夫子""百姓"等复音词当时就已经与其他的单音词一样非常常用。

合成阶段始于汉语的"言文脱节",从此汉语口语逐渐从以单音节词为主转变为以双音节词为主,而作为书面语的文言文则延续以单音节词为主的局面。王力认为,词汇的双音节化与语音的简化和外来词的增多关系密切。③ 毕竟,在音节数有限的条件下,以单音节为主的原生造词和滋生造词最终会遇到瓶颈,与滋生造词相伴的孳乳造字限于记忆力负荷的原因也不能无限制地扩张,最终伴随新生事物的大量出现和汉语音节的逐步简化,语素结合构成合成词,即句法造词,逐步成为两汉以后最为主要的造词方法,滋生造词逐渐式微。

---

① 王宁.关于汉语词源研究的几个问题[M]//侯占虎.汉语词源研究(第一辑).长春:吉林教育出版社,2001:2-3.

② 这里用"滋生"、不用"派生"的说法,因为派生词在汉语中多指由词根和词缀语素组成的词,如"椅子""老虎"等,这些词都应该是在合成阶段生成的。

③ 王力.汉语史稿[M].3版.北京:中华书局,2015:333.

三、汉语词汇史的历史宝藏

古人有识字、通经的现实需求,历代的字典、辞书以及经典注疏中保存了相对集中的词汇演变的线索和材料,因此现代人要考察汉语词汇史首先要广泛吸纳传统小学中的文字学、训诂学研究成果。今人可资利用的最具代表性的上古文献材料宝藏有以下四类。

(一)《说文解字》

《说文解字》是我国现存最早的字典,它大规模地通过分析汉字的形体结构来阐明字的本义,为进一步考求词本义奠定了坚实的基础。

该书作者为许慎,是东汉著名的经学家、文字学家。许慎少时博学经籍,为当时经学大师马融所推崇,时人誉之为"五经无双许叔重"。

《说文解字》全书 15 卷,其中正文 14 卷,卷末叙目别为 1 卷,共 13 余万字。《说文解字》的体例为:每说一字,先列小篆字头,再依次解释字义,分析字形,有时进一步说明读音;如果该字有不同于小篆的古文、籀文以及或体、俗体的话,则附列于后,统称为重文。另外,说解中还时常征引经传典籍以及各地方言、通人意见作为参考。

该书的主要贡献在于:①阐述了"六书"理论,并据此进行系统的、大规模的字源探索。许慎在《说文解字·叙》中对"六书"做了这样的阐释:"一曰指事。指事者,视而可识,察而可见,上下是也。二曰象形。象形者,画成其物,随体诘诎,日月是也。三曰形声。形声者,以事为名,取譬相成,江河是也。四曰会意。会意者,比类合谊,以见指、武信是也。五曰转注。转注者,建类一首,同意相受,考老是也。六曰假借。假借者,本无其字,依声托事,令长是也。"在对 9353 个文字、1163 个重文(异体字)的说解中,许慎就是运用其"六书"理论,逐一分析这些汉字的结构,说明造字本义的。②首创了以部首统率汉字的字典编纂法,为后代字典辞书的编纂树立了榜样。许慎根据小篆的形体结构,把 9000 多个汉字分列于他所创立的"始一终亥"的 540 个部首中,这就是所谓的"分部别居,不相杂居"。从汉字以形声字为主体,同部首的字意义上多有联系的特点来看,许慎以部首统率汉字的分类方法是科学的、合理的。尽管后世因为许慎分部过繁,把部首的数量逐步压缩,一直到现今《汉语大字典》《汉语大词典》的 204 部,但这一编纂原则始终未变。③保存了小篆、古文、籀文、或体等字体,令今人可以了解汉字形体的演变过程。另外,《说文解字》通过分析字形来解释字义,保存了大量古词古义,对后人解读先秦古籍颇有帮助。

当然,由于时代局限,《说文解字》也有它的不足。如许慎只能见到晚周到秦汉的文字资料,没有看到甲骨文等更早的汉字,囿于小篆形体,他对一些字的形体分析存在错误。如《说文解字》:"行,人之步趋也,从彳从亍。"许慎将"行"错误地拆解成"彳"和"亍"。而"行"的字形在甲骨文、金文中都象四通八达的大道,其本义当为道路。① 因此,对《说文解字》的字形分析、字义解释都要做具体分析,既不能随便怀疑,也不能轻信盲从。今天,我们还可以参考李学勤主编的大型字源工具书《字源》,该书正好可以弥补《说文解字》在古文字资料方面的缺憾。

---

① 李学勤.字源[M].天津:天津古籍出版社,2013:143.

历代都有许多学者研究《说文解字》，其中清人的研究最为兴盛，段玉裁的《说文解字注》，朱骏声的《说文通训定声》、桂馥的《说文解字义证》、王筠的《说文释例》和《说文句读》备受推崇，四人也获"说文四大家"之尊称。

(二)《尔雅》

《尔雅》是我国现存最早的一部以先秦语词为训释对象，按词义系统和事物类别而编排的词典。它总结了汉代以前使用过的古汉语词汇，并类聚群分，勒成专书，为研究上古汉语基本词汇勾画出了一个大的轮廓。

关于《尔雅》的作者及其成书年代，历来说法甚多，不一而足。综合来看，《尔雅》在战国时期已经产生，后在流传过程中经秦、汉学者增补，到汉代已基本定型。据《汉书·艺文志》记载，《尔雅》全书共 3 卷 20 篇。今本所存只有 19 篇，按释诂、释言、释训、释亲、释宫、释器、释乐、释天、释地、释丘、释山、释水、释草、释木、释虫、释鱼、释鸟、释兽、释畜 19 个门类编排。19 篇又可分两大类，前 3 篇为一类，主要训释一般语词，《释诂》《释言》训释单音词，《释训》训释叠音词和联绵词；《释亲》以下 16 篇为一类，主要训释百科名词，其内容按意义范畴可归纳为人文关系、建筑器物、天文地理、植物、动物 5 个部分。每部分包括若干篇目，并按不同内容划分为若干小类。如《释畜》包括了马、牛、羊、狗、鸡、六畜等 6 个细目。该种编撰方法令《尔雅》集词典与百科全书于一身，为我们了解先秦的自然科学和社会科学知识提供了便利。

《尔雅》按同训的原则将大量先秦语词加以汇集训释，从而成为研习先秦文献语言的入门书。历代经师都把《尔雅》看作通经治学的门户、类求百家的要津。正是基于这一点，汉代以来，为《尔雅》作注的学者代不乏人，其中的代表，如汉末的孙炎、晋代的郭璞、唐代的陆德明、宋代的邢昺等。至清代，小学大兴，《尔雅》研究在"正文字、明声音、通训诂、辨名物"的学术风气推动下取得了"独隆于前古"的成绩。其中最著名者，莫过于邵晋涵、郝懿行两家的注释。特别是郝懿行的《尔雅义疏》成为后来治《尔雅》者首选的入门之书。

由于对《尔雅》进行增补、模仿、注解及研究者甚多，后代逐渐将以《尔雅》之类雅书作为研究对象的学问称作"雅学"。

(三)《释名》

《释名》采用声训的方式来推求语词的音义来源，是中国第一部词源学著作。

《释名》作者为东汉的刘熙，他在《释名·自序》中说："夫名之于实各有义类，百姓日称，而不知其所以之意，故撰天地、阴阳、四时、邦国、都鄙、车服、丧纪，下及民庶应用之器，论叙指归，谓之《释名》，凡二十七篇。"说明刘熙撰此书的目的是试图说明事物命名的理据。今本《释名》共 27 篇，依次是：释天、释地、释山、释水、释丘、释道、释州国、释形体、释姿容、释长幼、释亲属、释言语、释饮食、释采帛、释首饰、释衣服、释宫室、释床帐、释书契、释典艺、释用器、释乐器、释兵、释车、释船、释疾病、释丧制。全书所释名物典礼共计 1502 条，虽不够完备，但已"可以略窥见当时名物典礼之大概矣"。

声训之法在《尔雅》《方言》《说文解字》也多有采用，但能将其贯穿始终者，唯独《释名》一书。《释名》中的声训，从训释词和被训释词的关系来看，大致有三种情况，即：同音、双声、叠韵。《释名》在用一个字做声训之后，还接着说明用该字释义的理由。这样也就从音义的结合上说明了某个名称的来由。《释名》用声训解释名物典礼,有些讲得较贴切,有些则为穿凿附会之说。

《释名》的学术价值主要表现在:①《释名》以声训解释名物,为汉语语音史的研究保存了大量珍贵的东汉语音资料和方言材料;②《释名》保留了大量古训古义,既可与《尔雅》《说文解字》以及古代经典或传注相参证,又可由其名物故训推求古代制度。③《释名》理论上提出了"名之于实,各有义类"的主张,实践上集先秦两汉声训之大成,是中国词源学史上第一部系统探讨词源的专著,启迪了后人据语音去探索语词的命名之意。

(四)方言

《方言》全称为《輶轩使者绝代语释别国方言》,今本13卷,旧题西汉扬雄撰,恐有后人增补。《方言》所释语词包括"绝代语释""别国方言"两个方面:"绝代语释"指对不同时代语词的解释,"别国方言"指不同地域的方言俗语。《方言》所记地域方言,区域广阔,北起燕、赵(今辽宁、河北一带),南至沅、湘、九嶷(今湖南一带),西起秦、陇、凉州(今陕西、甘肃一带),东至东齐、海岱(今山东、河北一带),东北达朝鲜北部,东南至吴、越、东瓯(今浙江、福建),西南至梁益蜀汉(今四川、陕西),大致涵盖了整个汉代版图。

《方言》在释词体例上既继承《尔雅》,而又有所发展。其释词的基本方式为,先列举一些同训词(有时仅列一词头),然后说明"某地谓之某""某地某地之间谓之某",进而说明某某为"通语""转语""代语"等。《方言》还确立了一套含义比较明确的训诂术语,如"通语""凡语""代语""转语""语之转"等。特别是"转语"和"语之转",《方言》用它们来指称方言语词的变体,这一做法为后来人所继承,并将其改造升华成词源学的一个重要流派。

总之,《方言》是中国语言学史上第一部方言学著作,也是后人研究汉语发展史、汉语方言史、汉语词汇史不可多得的一座资料宝库。

以上几种小学专书主要收录原生阶段和滋生阶段的汉语词,它们是在汉语词汇发展过程中处于上游的词汇学宝藏,这些源头资料和历代古籍注疏资料是今天我们探索词汇源流最重要的凭借。另外,古人对今天汉语词汇史研究的贡献不限于提供文献语言材料,还提供给我们很多方法论上的启发,无论是汉代扬雄的"语转学说",还是宋代人的"右文"说,又或是清代乾嘉学者的"因声求义",经过改造后无不成为今人探究词汇衍生与文字孳乳的利器。

第二节 古今词义的发展与变化

一、本义、引申义和假借义

本义是在文献语言当中可以追寻到的作为引申派生起点的最早词义。一方面它的意义比较具体,多指具体事物或揭示事物具体特征;另一方面它的意义覆盖面较宽,具有一定的概括性。① 一个词的本义并非一定是该词的原始义,因为有些词可能和这种语言的历史一样长,它最初的原始义已经不可考证了。词的本义可能也不等于记录它的字形展现出的字本义,字本义意义相对更加具体,词本义相对意义更加宽泛抽象。另外,一个字可能对应多个词,很难保证每个词都有专有的本字来记录。再者,古人的造字意图与本义虽然密切相关,但有些字的造字意图因历史情景改变已经无法推测了,也就无所谓字本义了。

引申义是从本义派生而来的意义,或者与本义相似,或者与本义相关,又或者是本义的结果或原因。有些表示语法意义的虚词则是因为实词意义虚化才获得这类语法意义。引申可从多个途径向多个方向引申,某些引申义还可以进一步引申,因此一词多义是非常常见的。

假借义与本义、引申义不在一个系统中。本义和引申义属于同一个词的多个义位,假借义则是另一个词的意义,只是没有专门为这个意义造字,或者有本字却没有用。

本义、引申义、假借义可以集中到字典或词典的一个字头下面,如:"慈"的本义为"上爱下",引申义有"慈母"和"对父母的孝敬",另外还有一个假借义"天然的吸铁石"。该假借义最初没有本字,借用了表"慈爱"的"慈"字来表示,中古以后另造了"磁"字,"吸铁石"的意义才有了本字。所以,字有假借义,词没有假借义。

二、探求本义的主要方法

(一)因形求义

汉字具有极强的表意特征,总是以某种方式表现它所记录的词的意义。特别是象形字、指事字、会意字的造字意图很多时候和词本义是高度重合的,所以只要分析字形就可以找出该词的本义。例如:

象形字"豆"的甲骨文、金文以至楷体都象高足食器之形,所以"豆"的本义是"高足食器"。

指事字"寸"的小篆从又从一,象人手下一寸的寸口,所以"寸"的本义是"一指宽的长度"。

会意字"埶(艺)"的甲骨文、金文都象跪着的人双手捧持禾苗或树苗,所以"艺"的本义是"种植"。

会意字"逐"的小篆从豕从辵,"豕"是猪的象形字。甲骨文或从止,止、辵为义近形符。另有甲骨文不从豕,而从犬、鹿、兔者。该字上古字形多样而具象,而对应的词本义都为"追赶"。

以上这些文字的造字意图与词本义的重合度很高,但文字本身仍带有具象性的特点,词本义则更具概括性,然而更多的汉字,特别是形声字的形符仅仅提示词的本义所属的意义范畴。例如:"诛"字从言、朱声,词本义当与言语行为有关。因此"杀戮"不应该是本义,"指责、责备"才是其本义。"跣"字从足、先声,词本义当与脚有关,因此"裸露"不应该是本义,"赤脚"才是其本义。"刻"字从刀、亥声,词本义当与刀有关,因此"计时单位"不应该是本义,"用刀等雕镂"才是其本义。

---

① 徐山.论本义域[J].古汉语研究,1994(2):89.

《说文解字》根据部首将小篆文字的形体分为540部,用六书理论来解释字形,其中取其形符以形声的方法来解释字词本义的居多。由于汉字的形体历经数千年演变,古今差异颇大,借助字形分析词的本义应该主要依据古文字,即甲骨文、金文、小篆等古文字。当然,某些古文字意义繁复,后来不得不为其本义单独造字,这时这些后起字相反更能反映词本义。如"溢"就比更早的"益"更能反映"水满而流出"的意义。另外,造字意图与词语本义原本就属于两个不同范畴的概念,多数情况下两者并不直接相等,所以最终确定本义还是要看文献语言是怎样使用这个词的。

(二)文献归纳

字形只是词的书写符号,它不能脱离词、脱离语言而直接表达词义。只有在组词成句的具体语言运用中,词义才能充分显示出来。因此归纳整理词语详细的文献用例,厘清词义间的源流关系,就能够找出词的本义。追溯词义的源流,要注意:①要严格区分一字多词的情况,不要把两个词义系统混为一谈;②要将文献的早晚和词义发展的时间脉络有机结合,尽量通过文献的时间早晚帮助我们确定词义的早晚;③要以意义相对具体,能够反映古代人认知水平的义位作为本义;④要将文献使用义稍做概括,从中整理归纳出本义和引申义。

例如"约"除去"大约"等假借的用法,中古之前主要有如下这些义位和用例。

(1)缠束。《诗·小雅·斯干》:"约之阁阁,椓之橐橐。"毛传:"约,束也。"《战国策·齐策六》:"鲁连乃为书,约之矢以射城中。"

又指套车。《战国策·齐策四》:"于是约车治装,载券契而行。"

又指绳子。《左传·哀公十一年》:"人寻约,吴发短。"杜预注:"约,绳也。八尺为寻。"

(2)约束。《论语·雍也》:"君子博学于文,约之以礼。"

另指阻止、拦阻。《战国策·燕策二》:"秦召燕王,燕王欲往。苏代约燕王。"《史记·苏秦列传》:"母不能制,舅不能约。"

(3)少;省减;简约。《孙子·虚实》:"能以众击寡者,则吾之所与战者约矣。"杜牧注:"约,犹少也。"《战国策·楚策一》:"昔者先君灵王好小要,楚士约食,冯而能立,式而能起。"《管子·桓公问》:"事约而易从,求寡而易足。"

又指贫困。《论语·里仁》:"不仁者不可以久处约,不可以长处乐。"

又指卑微、卑下。《晏子春秋·外篇下四》:"孔子拔树削迹,不自以为辱;穷陈蔡,不自以为约。"

(4)以语言或文字订立共同应遵守的条件。《汉书·高帝纪上》:"初,怀王与诸将约,先入定关中者王之。"

(5)邀约;邀请。《孟子·告子下》:"我能为君约与国,战必克。"《战国策·秦策一》:"赵固负其众,故先使苏秦以币帛约乎诸侯。"

(6)大略;大约。《三国志·魏志·华佗传》:"疾者前入坐,见佗北壁县此蛇辈,约十数。"

稍稍按文献年代整理一下"约"这个词的引申系统,就会发现唯有把"缠束"义视作其本义,才可以很自然地引申出其后的"套车""约束"等义,有了相对抽象的"约束"义才可以进一步引申出"少""简约""约定""邀约"以及更晚的"大约"等义。

(三) 因声求义

因声求义是清代学者归纳总结的考求文献词义的方法,其关键在于摆脱字形的束缚,以声音为纽带观察字间、词间的联系,或为假借字求得本字,或借助同族词求得命名之义。求得了本字,依据本字自然可以得到本义;求得了同源的同族词,可以得到它们共同的命名之义,进而可以得到词本义。

为假借字求得本字的情况。如"验"的本义,单从字形去分析,自然只能从该字的形符入手,《说文解字·马部》:"验,马名。从马佥声。"显然"马名"义与"验"的常用义没有关系。事实上,表"验证"义的"验"为假借字。《说文解字·言部》:"譣,问也。"段玉裁注:"按《言部》:'譣,验也';《竹部》:'签,验也'。'验'在《马部》为马名。然则云'征验'者,于六书为假借,莫详其正字。今按,'譣'其正字也。"

段玉裁此处明确指出表"征验"义的"验",其本字当是"譣"。该字从"言",所以字本义当为"用言语质询验证",词本义可以宽泛些,指"验证""凭证"等。

借助同族词求得命名之义的情况。如"盗"的本义,从文献用例来看,恐怕未必是盗窃。《诗·小雅·巧言》:"君子信盗,乱是用暴。"毛传:"盗,逃也。"此处为声训,"逃""盗"实为同族词。毛传以"逃"训"盗",暗示"盗"的本义实为逃亡的奴隶,这也可以跟上古奴隶逃亡的文献记载相印证。

又如"康"的本义,前人多以为是"安乐"。文献用例可以参考《诗·大雅·民劳》:"民亦劳止,汔可小康。"然而《广雅》:"穅谓之䅺。"王念孙疏证:"穅之言康也。《尔雅》:'康,虚也。'《说文解字》:'穅,谷之皮也。'"又段玉裁注《说文解字》云:"穅之言空也,空其中以含米也。凡康宁、康乐皆本义空中之引申。今字分别乃以本义从禾,引伸义不从禾。"王念孙、段玉裁都倾向"康""穅"同源,"中空"才是"康"的本义。

以上所谈的因形求义、文献归纳、因声求义,都是被训诂实践证明行之有效的考证方法。这三种方法往往可以综合使用,从而可以从多个角度去确证词本义的合理性。

三、词义发展的主要方式

本义和引申义、近引申义和远引申义的关系可以从多个方面去考察,有的人着眼于心理联想对引申的驱动,有的人着眼于词义引申过程中义素发生了哪些更替,有的人则着眼于语用对词义演变的影响。词义链条本身很长,有的甚至呈现多层次、多方向的辐射网络,所以词义演变的驱动方式必然多样,即便有些角度可能会重合,但对于人们整体地把握词义系统仍旧是有益的。下面分别举例介绍。

(一) 心理联想

词义的引申和词汇的滋生都需要心理联想,最常见的心理联想有相似联想和相关联想。

1. 相似联想

相似联想即引申义和本义(或近引申义)所指称的对象有某种相似之处。例如:

"管"本为竹管,由于形状相似而引申为钥匙,如《左传·僖公三十二年》:"郑人使我掌其北门之管。"

"斗"本为酌酒器,由于形貌性状相似而引申为斗星,如《诗·小雅·大东》:"维北有斗,不可以挹酒浆。"

"陵"本指大土山,古代帝王死后都营建高大的坟丘,高大如山林,所以帝王的坟墓被尊称为"陵",如《国语·齐语》:"昔者,圣王之治天下也,参其国而伍其鄙,定民之居,成民之事,陵为之终。"

"关",本指门闩,由于功能作用相似而引申为关卡,如《史记·孟尝君列传》:"孟尝君至关,关法鸡鸣而出客。"

2. 相关联想

相关联想即引申义和本义所指称的对象或所表达的概念相互关联、彼此牵涉。相关的意义关系最为丰富,如工具和功能、动作和对象、事物和性质、原因和结果、部分和整体等,这里很难列举完整,只能举其常见者,例如:

"筵"本指"竹席",由于古人饮食宴会在席上,所以酒席也称作"筵",如韩愈《唐故殿中侍御史李君墓志铭》:"一筵之馔,禁忌十常不食二三。"

"齿"本指门牙或牙齿,牙齿的生长情况标志着幼少壮老,由此引申为指年龄,如《孟子·公孙丑下》:"乡党莫如齿。"大意即"乡间地位的高低按年龄的大小排序较好"。

"年"本义为稻谷成熟,有收成。《春秋·桓公三年》:"有年。"谷梁传:"五谷皆熟,为有年也。"收获标志着农业生产的一个周期,古代每年只收获一次或一季,由此"年"引申为表时间单位的"年"。

"危"本义为陡峭、高峻,如《国语·晋语八》"拱木不生危。"陡而高则易倾倒,因此"危"后引申为不稳定,再引申为危急、危险。

"虚"本义为大丘。如《诗·鄘风·定之方中》:"升彼虚矣,以望楚矣。"丘大了就显空旷,因此"虚"后引申为空虚。

(二)义素更替

一个义位可分析为一组义素的组合,当某个限定性义素消失时①,词义的外延会扩大,当增加某个限定性义素时,词义的外延会缩小,当更换某个限定性义素时,词义会发生转移。限定性义素的分析可细可宽,跟以往的义素分析法一样有一定的主观性,以下尽量从宽。蒋绍愚先生谈词义演变结果时就将词义的扩大、缩小、转移用义素分析法做了分析。② 事实上,上述心理联想驱动的词义演变大都可以做义素更替的分析,前者为心理学视角,后者为逻辑学视角。

1. 义素的消失

如表达"死"的概念的动词在古代有多个,区别的依据是主体的地位尊卑,《礼记·曲礼上》:"天子死曰崩,诸侯曰薨,大夫曰卒,士曰不禄,庶人曰死。""死"的动词义原有限定对象的义素,可用义素分析法表示为[死亡+称年少者或庶民、下级官员]。后来该限定对象的义素消失,"死"的词义就扩大为指所有人的死亡。原先与"死"同类的"崩""薨""卒"等慢慢就不再使用。

古代"洗"的本义指用水洗脚。如《史记·黥布列传》:"上方踞床洗。"这里的"洗"有

---

① 董秀芳称呼限定性义素为语义参项。参见董秀芳.古代汉语词汇中的语义参项及其历时变化[J].汉语史学报,2018(1):157-168.

② 蒋绍愚.古汉语词汇纲要[M].北京:商务印书馆,2005:74-81.

一个限定对象的义素[＋(洗)脚]。后来该限定义素消失，所以现在可以指洗身体任何部位，或者洗其他别的东西。

"狗"原先指体型小的犬，有一个限定义素[＋幼小]，今天该义素消失，可以指所有的犬。

"精"原指纯净的好米，如《论语·乡党》："食不厌精。"这里的"精"有一个限定主体的义素[＋米]，后来该义素消失，可以指其他纯粹和提纯的东西。

2. 义素的增加

"子"古代可以兼指儿女，后来增加一个限定性别的义素[＋男性]，所以现在专指儿子。

"兄"和"弟"原本分别指亲戚中年长于己和幼于己的同辈男女，后来均增加一个限定性别的义素[＋男性]，所以现在专指亲戚中年长于己和幼于己的同辈男性。

"禽"原为兽的总名，如王充《论衡·遭虎》："虎也，诸禽之雄也。"后来增加一个限定的义素[＋二足而羽]，所以现在专指飞禽。

"瓦"原为古代陶制器物的总称，如《荀子·性恶》："夫陶人埏埴而生瓦。"后来增加一个限定的义素[＋铺屋顶的建筑材料]，所以现在专指屋顶的瓦片。

"祥"原为吉凶的预兆，如《左传·僖公十六年》："是何祥也？"后来增加一个限定的义素[＋吉利的]，所以现在专指吉利的预兆。

3. 义素的改换

"汤"原指热水，如《论语·季氏》："见善如不及，见不善如探汤。"后来替换了[＋水]的义素，改换成[＋有汁水的菜肴]。"汤"因此后来专指食物加水煮出的汁液。

"兵"原指作战用的武器，如《诗·秦风·无衣》："王于兴师，修我甲兵，与子偕行。"后来替换了[＋武器]的义素，改换成[＋人]。"兵"因此指兵卒。

"涕"原指眼泪，如《诗·陈风·泽陂》："寤寐无为，涕泗滂沱。"毛传："自目曰涕，自鼻曰泗。""涕"后来替换了[＋眼出的]的义素，改换成[＋鼻出的]。"涕"因此指鼻涕。

(三)语用影响

有些新义主要是在词汇的使用中产生的。

1. 语境获义

有些词本身没有某种意义，但是由于经常处在某种语言环境之中，环境使原有的词义产生磨损，人们对它的地位和认识都发生了变化。如：

"是"原先可作指示代词，翻译为"这"。很多时候，它位于主语后面，复指前面谈到的话题主语，如《左传·僖公三十年》："吾不能早用子，今急而求子，是寡人之过也。"《论语·季氏》："虎兕出于柙，龟玉毁于椟中，是谁之过与？"久而久之，随着"是"字复指作用的减轻和判断作用的加重，人们认为"是"就是联系主语和谓语的系动词，"是"就逐渐获得了新的词义。

"念"原本指思念、怀念以及在心里思考。后来"念"经常组成"念言""默念""念经""念诵"等词语，如《百喻经》："既得盐美，便自念言：'所以美者，缘有盐故。少有尚尔，况复多也？'"孟郊《寒溪》诗之三："独立欲何语，默念心酸嘶。""念"因此逐步跟"言语"挂钩，慢慢便有了"口里念"的意思。

2. 修辞新义

有些词本身没有某种意义，因为修辞的原因临时被借代用作某义，后来慢慢为大家所接受。如：

"须眉"本指胡须和眉毛。《左传·昭公二十六年》："有君子白皙，鬒须眉。"不知从何时起，有人用它作男子的代称，如《水浒传》第一〇八回："帅府前军士居民，都来看宋军中人物，内中早恼怒了一个真正有男子气的须眉丈夫。"后指男子成为了"须眉"的固定用法。

"社稷"本指古代帝王、诸侯所祭的土神和谷神。如《左传·闵公二年》："大子奉冢祀，社稷之粢盛。"祭祀为国家最重要的事情，于是又被用作国家的代称，如《礼记·檀弓下》："能执干戈以卫社稷。""社稷"的国家义后来更为常用。

3. 简缩新义

有些词组或结构在丢失某些关键成分后，简缩后的形式仍旧可以表示原先整个结构表达的意思。如：

"蚕食"本指蚕食桑叶，喻逐渐侵占。《史记·秦始皇本纪》："自缪公以来，稍蚕食诸侯，竟成始皇。""蚕"因与"食"连用而获得侵蚀义，可以单用，如孙樵《武皇遗剑录》卷五："蛊于民心，蚕于民生。"

"而立"和"不惑"本身都不表示年龄。《论语·为政》："吾十有五而志于学，三十而立，四十而不惑。"后称 30 岁为"而立"之年，40 岁为"不惑"之年。如严有翼《艺苑雌黄》："顷有人年七十余，置一侍婢，年三十。东坡戏之曰：'侍者方当而立岁，先生已是古稀年。'"又如陶潜《饮酒》诗之十六："行行向不惑，淹留遂无成。"

4. 褒贬转换

一个词在感情色彩上产生贬降或扬升是语言内外的因素共同作用的结果，一旦这种改变在用例上取得数量优势，词语降格或升格就会稳定下来。如：

"汉子"原是古时北方少数民族对汉族男子的称呼。如《北齐书·魏兰根传》："何物汉子，我与官，不肯就！"中古以后民族矛盾尖锐，偏中性的"汉子"作为对男子的通称，有时含贬义。如寒山《诗》之二五三："碌碌群汉子，万事由天公。"陆游《老学庵笔记》卷三："今人谓贱丈夫曰汉子。"

"爪牙"原先喻指勇士或武臣。如《汉书·陈汤传》："战克之将，国之爪牙，不可不重也。"因后代武臣拥兵自重情况较多，"爪牙"的社会评价逐步趋于负面，近代多指坏人的帮凶和助手。与"爪牙"义近的"股肱"一直偏向褒义，它在一定程度上促成了"爪牙"的贬义化。

"谤"原义为指责别人的过失，为中性词。如《国语·周语上》："厉王虐，国人谤王。"相传尧舜时于交通要道竖立木柱，让人在上面写谏言，称"谤木"。"谏""谤"意思原本接近，后来在对举使用时，"谏"指正面的规劝，"谤"指无根据的诽谤，如《论语·子张》："信而后谏；未信，则以为谤己也。""谤"在与"谏"的分工中意义逐渐偏向贬义。

语言发展总的倾向是意义的降格[①]，由贬义转为褒义的仅有少量的例子，如：

"客气"原指言行虚骄、不真诚，为贬义。如《左传·定公八年》："猛逐之，顾而无继，

[①] 汪榕培，卢晓娟．英语词汇学教程[M]．上海：上海外语教育出版社，1997：229．

伪颠。虎曰：'尽客气也。'""客气"在近代开始出现"谦让、讲究礼仪"的褒义，现代汉语常用褒义。

5. 误解误用

有些词义并非来自一般的引申，而是由于偶然或突发的误解误用而产生的。"误解"即在看到或听到一个不大熟悉的词时对它的意思进行了错误的解码；"误用"即把经过错误解码的词语按照自己的理解运用于交际之中。误解、误用前后相连，误解义只有到了误用阶段，成为习惯用法，才有可能成为一个新义被语言社团所接受。①

如"一尘不染"原本没有清洁的意思。佛教中谓色、声、香、味、触、法为六尘，修道者达到真性清净，不被六尘所染污为"一尘不染"。后多用以形容人清净廉洁、品格高尚。如宋罗大经《鹤林玉露》卷十："范蠡霸越之后，脱屣富贵，扁舟五湖，可谓一尘不染矣。"《儿女英雄传》第九回："听起来，老人家又是位一尘不染，两袖皆空的。"今人不明佛教义理，望文生义，把"尘"当作灰尘解，于是"一尘不染"开始指非常清洁。如曹禺《王昭君》第一幕："几个绣墩错落地放在一尘不染的石板上。"

第三节　语音屈折造词——同族词

一、同族词及其判定标准

在汉语词汇发展的原生阶段，词的音、义之间是没有什么必然联系的。但是周秦时代在词汇发展进入滋生阶段后，随着词义的引申，原生词不断分化孳乳出新词来。新产生的词由于是由旧词滋生出来的，语音上必然与旧词相同或相近。因此，声音近似而意义相关的词往往是同源的，可以称呼它们为同族词。② 在古汉语，特别是在上古汉语中，同族词的产生主要是通过语音屈折的方式，即通过音节内部声、韵、调的变换来改变原生词的语音形式从而形成新的音义结合体。滋生出一群同族词的原生词或根词理论上虽然存在，然而究竟如何确定其实很难。时至今日，究竟是谁滋生谁，也很难弄清其先后关系。现在我们用同族词这一概念，可以很好地回避孰为源孰为流的争议，把那些原生词、滋生词及后起新词放在一个层面上加以讨论。

对于同族词，古代训诂学家们已经有了一些或感性或理性的认识。《尔雅》中的某些训释材料已经揭示了汉语中的许多语源现象，《说文》在讲解字本义的同时也时常说明词义的来源。西汉扬雄已经认识到词汇会发生方言音转的道理，他常用"转语""语之转"等术语来说解方言词汇语音流转的各种情况。东汉刘熙的《释名》大量运用"声训"，用声音相同或相近的字来解释词义的来源，探索词的命名意义，其中不乏可取之处。沈括的《梦溪笔谈》中曾记载，"王圣美治字学，演其义以为'右文'。"所谓"右文"说，主张形

---

① 汪维辉，顾军.论词的"误解误用义"[J].语言研究，2012(3):1-6.
② 专门从事汉语研究的学者也采用"同源词"指称汉语中有同一来源的词。从事历史语言学研究、民族语文研究及人类学研究的学者则强调同族词和同源词不是一个概念，严格地用"同源词"来指称汉藏语系亲属语言间来源同一的词，而另用"同族词"这个术语来指汉语内部具有同一来源的词。

声字的声符皆有表意作用,同声符之字,其意义必能相通。清代古音学昌明,清代学者们一方面循声符示源的形声字特点继承并发展传统"右文"说,另一方面又不囿于文字形体,就古音循语转而进行词源的探求。近代章太炎的《文始》继承并发展了清代乾嘉学者以声韵通训诂的传统,以上古韵部对转为序,由语音系统去寻求字族,初步建立起词源学体系。现当代词源学研究当中,值得一提的是黄侃、沈兼士、杨树达、罗常培、王力诸位先生的研究。国外学者,如瑞典汉学家高本汉、日本汉学家藤堂明保等也曾对汉语词源研究做了极其有益的尝试。

同族词的判定标准总结起来就是八字:"音近义通""文献有证"。

"音近"是指新词音节内部发生语音变换后与原词的语音形式还存在联系。传统词源学的大家们,如章太炎、王力等在上古音的音转方面定了一些条例,诸如"旁转""对转""通转""同纽""旁纽""同类"等,貌似规则有限,实际上具体到哪些辅音声母、哪些韵部、哪些韵尾发生变换,则"无所不转",语音变换模式的数量多到难以统计。之所以会如此,是因为汉语同族词的语音变换既有历史的音变,又有构词上的变换,还有方音的分歧,内部规则芜杂不堪。另外,目前上古音的构拟都带有一定的假说性质,想要科学穷尽地归纳出所有同族词的语音变换模式暂时还做不到,所以单就语音联系来说词源和派生难免会众说纷纭。

"义通"是指同族词往往表示相近或相关的几个概念。王凤阳先生用二分法将把同族词词义分析为"特征义"和"范畴义",并指出特征义是贯穿同族词的血缘纽带,只有它具有系联同族词的能力。① 王宁、黄易青先生认为,汉语词源学的"意义"与词汇学的"意义"实质不同,属于完全不同的范畴。词汇意义指的是语言的词的概括意义,词源意义指的是同族词在滋生过程中由词根带给同族词或由源词直接带给派生词的构词理据。他们还利用义素分析法分析同族词,把同族词的义位切分为源义素和类义素,其源义素对应词源意义。② 事实上,"特征义""源义素""词源意义"均受到东汉刘熙"义类"说的启发。提出这些概念虽然很重要,然而想要具体析分出各组同族词的词源意义以及判定一组词词源意义相同却不是一件容易的事情。近年来很多学者试图以比较互证法为方法论基础,详细论证意义系统各个次结构之间可以发生的相通关系。这种探讨规律的方法可以提高认定同族词亲缘关系的准确性,但能否排除偶合仍旧是个未知数。

可见单纯从音义关系入手探求同族词是一种存在缺陷的形式化方法,所以王力③、陆宗达④等前辈学者向来都主张判断同族词要从古代训诂中找寻可靠的文献证据,即"文献有证"。前人系联同族词利用的文献语言材料主要包括三大部分:一是上古经典以及附在其中的训诂(如《诗经》、《左传》、《楚辞》、《史记》、《汉书》及诸子);二是小学专书的训诂(如《尔雅》《方言》《释名》《说文解字》《广雅》);三是清代对小学专书的注疏(如《广雅疏证》《说文段注》《尔雅义疏》《方言笺疏》《释名疏证补》等)。后代作品会大量征引前代作品,因此实用价值更高。

结合上面八字标准,试举一例。

---

① 王凤阳.汉语词源研究的回顾与思考[C]//汉语词源研究(第一辑).长春:吉林教育出版社,2001:85.
② 王宁,黄易青.词源意义与词汇意义论析[J].北京师范大学学报(人文社会科学版),2002(4):90-98.
③ 王力.同源字典[M].北京:商务印书馆,1982:7.
④ 陆宗达,王宁.浅论传统字源学[J].中国语文,1984(5):373.

"少""叔"为同族词。"少"的上古音为书母宵部,"叔"的上古音为书母觉部,两字声母相同,主要元音均为舌面后圆唇元音,韵尾为阴阳交替,王力《同源字典》以为两字韵部为旁对转,音相近。

词义上,"叔"为兄弟排行中年少者;"少"为年龄小,它们都有共同的源义素"小"。文献佐证如《白虎通义》云:"叔者,少也。"《释名》云:"仲父之弟曰叔父。叔,少也。"《广雅·释诂》:"叔,少也。"王念孙疏证:"叔、少,一声之转。"

将上面同源的两词系联到一起只能叫局部系源,想要完整地归纳出一个词族,必然会为涉及更加复杂的历史音变和更加疏远的意义关联,为求实用,下面只举些通俗简单的例子,连文献证据也一并从略。

二、同族词在文字上的表现形式

大规模地通过语音屈折造词的时期正是汉字大量孳乳的时代,同族词的音义联系在字形上表现得尤为明显,可能也因为这个原因,王力先生干脆将同族词称作同源字。王力先生曾说:"大部分分别字都是同源字","'亦声'都是同源字"。[①] 所谓同源字其实就是同族词的书写形式。从字形关系出发,可以把同族词分为以下四类。

(一)同源多音同形字

词义因引申而变为多义,同时在音节内部也发生语音变换,这就意味着新的词形已经分化出来了,但文字上并未造新字,仍旧沿用之前的字形,于是产生了一组同源多音同形字。如:

圈,今读 juàn,《广韵》求晚切,基本义是"养兽之所";圈,又读 quān,《集韵》去爰切,基本义是"环形物"。

长,今读 cháng,《广韵》直良切,基本义是"在空间的两端之间距离大";长,又读 zhǎng,《广韵》知丈切,基本义是"相比之下年纪大"。

种,今读 zhǒng,《广韵》之陇切,基本义是"植物的种子";种,又读 zhòng,《广韵》之用切,基本义是"把植物或它的种子埋入土中使之生长"。

恶,今读 è,《广韵》乌各切,基本义是"罪过、罪恶";恶,又读 wù,《广韵》乌路切,基本义是"讨厌、憎恨"。

度,今读 duó,《广韵》徒落切,基本义是"丈量、计算";度,又读 dù,《广韵》徒故切,基本义是"计量长短的标准"。

骑,今读 qí,《广韵》渠羁切,基本义是"骑马";骑,又读 jì,《广韵》奇寄切,基本义是"骑的马"。

新词袭用旧词的文字会令某个汉字的意义负担过重,为避免混淆,有时新词会进一步选择源字作声符,添加意符造出新的形声字,从而形成同族词的第二种类型"同源异音分别字"。

(二)同源异音分别字

见,今读 jiàn,《广韵》古电切,基本义是"看见";见,又读 xiàn,《广韵》胡甸切,基本

[①] 王力.同源字典[M].北京:商务印书馆,1982:7-10.

义是"显露、出现",后写作"现"。

弟,今读 dì,《广韵》特计切,基本义是"兄弟之弟";弟,又读 tì,《广韵》徒礼切,基本义是"顺从和敬爱兄长",后写作"悌"。

解,今读 jiě,《广韵》佳买切,基本义是"分割、分解";解,又读 xiè,《广韵》胡懈切,基本义是"懈怠",后写作"懈"。

汤,今读 tāng,《广韵》吐郎切,基本义是"热水";汤,又读 tàng,《广韵》他浪切,基本义是"高温物体与皮肤接触而使之产生疼痛感",后写作"烫"。

登,今读 dēng,《广韵》都滕切,基本义是"登上";登,又读 dèng,《集韵》丁邓切,基本义是"榻凳",后写作"凳"。

非,今读 fēi,《广韵》甫微切,基本义是"不对、错误";非,又读 fěi,《集韵》妃尾切,基本义是"诽谤",后写作"诽"。

有些同声符的异音字也都音义同源,当为同族词,如:

皮,今读 pí,《广韵》符羁切;被,今读 bèi,《广韵》皮彼切。两字谐声偏旁同,核义素均为"覆体也",当为同族词。

暑,今读 shǔ,《广韵》舒吕切;煮,今读 zhǔ,《广韵》章与切。两字谐声偏旁同,核义素均为"热",当为同族词。

窗,今读 chuāng,《集韵》初江切;聪(聰),今读 cōng,《集韵》麤丛切。两字谐声偏旁同,核义素均为"通透",当为同族词。

跳,今读 tiào,《广韵》徒聊切;逃,今读 táo,《广韵》徒刀切。两字谐声偏旁同,核义素均为"疾走",当为同族词。

经、颈、胫、茎、径,今读仅声调有别,其义都与细长物有关。"经"是织物的纵线,"颈"是指脖子,"胫"则是小腿,"茎"是植物的枝干,"径"是小路。五字谐声偏旁同,核义素均为"细直",当为同族词。

(三)同源同音分别字

词义因引申而变为多义,已孳乳产生同声符的新字表达引申义,使用者也已将其视作新词,但新词的读音还没有发生改变,于是产生了一组同源同音的分别字。如:

取与娶:"取"泛指"夺得、捕捉",甲骨文象捕获到野兽或战俘时用手割下左耳。古代曾流行掠夺婚,娶妻成婚实为男子以暴力劫夺女子为妻,故表"娶妻"义也写作"取",后写作"娶"。

受与授:"受"是接受,"授"是给予,它们在古汉语中本是一个词,表达相反的意思,只是因为文字分化而成为一对同族词。

疏与梳:"疏"指"疏通、稀疏","梳"指"疏通、理顺头发","发梳"的齿也是疏的。

跟与根:"根"为"植物的最底端","跟"为"脚的最底端"。

静与净:"静"是"在声音上没有杂音","净"是"在空间上没有杂质"。

瘕与瑕:"瘕"为"腹病","瑕"为"玉病"。

卓与桌:"卓"指"高超","桌"指"地面上高起供放东西或供做事情用的器物"。

京与鲸:"京"指"大","鲸"指"海中大鱼"。

全、诠、痊:"全"是"完美、齐全","诠"是"详尽解释","痊"是"身体完全康复",三者均有完全之义。

峻、俊、骏:"峻"是"山高大","俊"是"才德过人","骏"是"马高大",三者均有大之义。

上述三种类型的同族词可以据形系联,主要是因为这些同族词的记录文字为形声字,而这些字的声符不仅用来标音,还承载着一种抽象宽泛而带有纲领性的词源意义。因此我们可以将声符作为重要的线索用来系联同族词,这是一种纲举目张、提纲挈领的带有汉语汉字特点的方法。需要注意的是,声符示源并不代表该声符字形现在代表的词就是最原始的,因为在文字产生的时候,一些原生词和滋生词可能早已产生,它们对文字的分配关系未必绝对是按词汇滋生的顺序分配的。另外,声符示源也不代表同谐声的字记录的词都是同族词,如"经、颈、胫、茎、径"虽然是同族词,但"劲"却不在其列。

(四)同源异形同族词

同族词本质是音义同源的词,与记录它们的文字原本没有直接关系。所以很多时候还需要以古音学为利器,突破文字的限制,从声音、意义两方面去分析推断那些同源异形同族词的词源关系。如:

"汇""围"上古音同为匣母微部,其核义素都为"围绕、聚拢",故为同族词。

"事""士"上古音同为床母支部,"士"为"事"之行为者,意义相关,故为同族词。

"别""辨"上古音同为并母,韵部分别为月部和元部,主要元音相同,韵尾为入声、阳声交替。"别"为分开,"辨"为根据不同事物的特点,在认识上加以区别,意义相关,故为同族词。

"改""革"上古音同为见母,韵部分别为之部、职部,主要元音相同,韵尾为阴、声入声交替,两字都有改变义,故为同族词。

"孤""寡"上古音同为见母鱼部,"孤"指无父,"寡"指无夫,其核义素都为"缺少",故为同族词。

"肿""冢"上古音同为东部,声母分别为章母、端母,声母音近,其核义素都为"隆起",故为同族词。

有些虚词或词缀字形各异,然在用法和语音上关系紧密,也可以视作同族词,如:

"吾""我""卬",上古音同为疑母,韵部分别为鱼部、歌部、阳部,主要元音相同,韵尾稍异,都表示第一人称,故为同族词。

"尔""汝""若""而""乃",上古音为日母、泥母双声,韵部辗转可通,都表示第二人称,故为同族词。

"尔""如""若""然",上古音同为日母,韵部辗转可通,都可以用作形容词词尾,故为同族词。

"不""弗""毋""勿""未""非""否""微""靡""蔑",上古音同为唇音字,都用作否定副词,故为同族词。

第四节　句法造词——复合词

一、双音节复合词大量生成的条件和原因

汉语词汇发展演变的历史就是从以单音节为主发展到以双音节为主的历史。汉语词汇在原生阶段和滋生阶段积累了大量的单音节词语，这些单音节词语以并列、偏正、动宾等多种方式造出了很多双音节或多音节的短语，有些复音节的短语经过长期反复使用，最终固化为复合词。在这些传世的复合词中，双音节词占据了绝对的多数，上古以降汉语词汇从单音节化发展为双音节化，其原因大致如下。

（一）上古音节结构的简化

就目前已知的《诗》音系和《切韵》音系而论，它们的声母类型、介音类型、元音数量和韵尾类型都比近代汉语要复杂，可以区别意义的单音节总量也大得多。而语音系统逐渐简单化后，同音的单音节词必然会增加，这样语义表达的清晰度会受到影响，新词新义的表达更是会遇到瓶颈。因此，双音节词的增加正好可以弥补语音系统简化对表意造成的损失。双音节化在北方话中体现得更为充分，在广东、福建等地的方言中，由于语音系统稍显古朴，词汇的双音节化就逊色了许多。

（二）双音节音步的形成

所谓音步指的是语言中最小的能够自由运用的韵律单位。音步由音节组成，其内部必须有"轻重抑扬"的节奏变化。远古汉语和早期上古汉语一个单音节就可以构成一个独立的韵步，因此先秦汉语是单音节词占优势的，即它的韵律词主要是单音节的。然而后来伴随着汉语复杂的音节结构趋于简化，音步不能再像上古汉语那样在单音节中实现，因而双音节音步应运而生，双音节韵律词在汉语里实现的主要手段是"复合"。当短语是双音节时，就满足了一个音步的要求，可以构成一个韵律词，具备了造词的形式基础。由于音步是在语音上结合最为紧密的自由单位，处在同一音步中的短语组成成分之间的距离会被拉近，在反复使用中它们之间的句法关系可能会变得模糊，最终变为一个在句法上无须再做分析的复合词。双音节音步作为标准音步，在构词上有绝对优先的实现权。从复合词成分间的句法关系上也可以看到，"主谓""动宾""偏正""动补"以及"联合"等形式都是允许的格式，而"主谓宾"这种关系的复合词就很难构成一个标准的韵律词。[①]

（三）明确表义的现实需求

随着社会生产生活的日益丰富，新生事物和新生概念大量出现，原有的单音多义词越来越难以满足人们的交际需要和思想交流需要。词汇双音节化可以明确地表达日益

[①] 冯胜利.汉语韵律句法学[M].上海：上海教育出版社，2000：103-107.

增多的新概念和节制一词多义现象,提高词汇表义的准确性、明晰性。解决汉语词汇的表意功能与社会需要之间的矛盾。

(四)组块心理过程的促成

认知心理学认为,为减轻记忆负担,大脑是以短语或句子作为短时记忆的组块的。对于线性序列上经常临近出现的两个单音节词,语言使用者会把它们当作一个整体来处理,而不再对其内部结构做分析,这样就使得两者之间原有的语法关系或内部形式都趋于模糊化,甚至导致有些复合词被重新分析为单纯词。①

(五)训诂实践的推动

汉代以后通释词义和随文注释的著作逐渐增多,其中以单音节词同义为训的情况特别多,这些单音节的同义词可以很自然地构成并列关系短语。后代注释家更是直接拿这些并列关系短语为其他单音节词做注释,并列关系短语作训释词意义明确,容易为人接受,慢慢地大家会忽略这些短语中同义词素的区别,认为其上下同义,不可分训,最终促成了并列双音节词的产生。②

二、双音节复合词的句法类型

今天的双音节复合词主要由历代的短语降格而来,可以称作短语的词汇化。与同形的短语相比,降格后的双音节复合词往往在语义上有或多或少的改造。这种改造主要表现在词义的引申和词性的转变上,还有些词会发生词义的脱落和感情色彩的改变。但是也有一些词可能在意义和用法上与短语区别不大,似乎从一开始就相当于一个词汇化程度不高的复合词。

双音节复合词基本的结构与短语的结构大体一致,主要有以下五种。

(一)并列式复合词

并列式复合词是由两个地位相等且可以独立运用的语素构成的。

1.由名词性语素构成的并列式复合词

(1)干戈:"干"是盾牌,"戈"是用以横击和钩杀的青铜制武器,两者都可以单用,如《尚书·牧誓》:"称尔戈,比尔干,立尔矛,予其誓。"后来"干、戈"连用,作为兵器的通称。如《礼记·檀弓下》:"能执干戈以卫社稷。"桓宽《盐铁论·世务》:"兵设而不试,干戈闭藏而不用。"后来"干戈"可用于比喻战争,此时其中的语素义已经不被重视。如葛洪《抱朴子·广譬》:"干戈兴则武夫奋,《韶》《夏》作则文儒起。"

(2)牺牲:"牺"是古代祭祀用的纯色牲畜。"牲"是祭祀用的完整的牲畜,两者都可以单用。如《尚书·微子》:"今殷民乃攘窃神祇之牺、牷、牲。"后来"牺、牲"连用,指祭祀用的两类牲畜。《周礼·地官·牧人》:"凡祭祀,共其牺牲。"《汉书·礼乐志》:"河龙供鲤醇牺牲。"后引申为舍弃的意思,并在词性上发生转类,从名词转为动词,后又特指为正义事业舍弃生命。这些引申义也有名词的用法。

---

① 董秀芳.词汇化:汉语双音词的衍生和发展[M].成都:四川民族出版社,2002:46.
② 石云孙.训诂构词及其他[J].安庆师院学报(社会科学版),1982(1):85-94.

2. 由动词性语素构成的并列式复合词

(1)稼穑:"稼"是耕种,"穑"指收获,两者都可以单用。如《诗·魏风·伐檀》:"不稼不穑,胡取禾三百廛兮?"后来连用泛指农业劳动。如《孟子·滕文公上》:"后稷教民稼穑。"《史记·货殖列传》:"好稼穑,殖五谷。"

(2)离散:"离""散"为同义,都可以单用,连用后仍表示分离、分散。在完成词汇化前,语素前后顺序可以颠倒。如《逸周书·时训》:"鸿雁不来,远人背叛;玄鸟不归,室家离散。"此例为"离散"。又如《左传·成公十三年》:"散离我兄弟,挠乱我同盟,倾覆我国家。"此例为"散离"。后来多用"离散",顺序趋于稳定。词义还引申出涣散的意思。如《尉缭子·兵令上》:"专一则胜,离散则败。"

3. 由形容词性语素构成的并列式复合词

(1)危险:"危"指高险,"险"指险阻,为近义词,也都可以单用。连用后,两语素相互补充,指危险、危急、不安全。在完成词汇化前,语素前后顺序可以颠倒。如《韩非子·有度》:"外使诸侯,内耗其国,伺其危险之陂以恐其主。"又如《韩非子·用人》:"愚者守静而不陷险危。"后来多写作"危险",顺序趋于稳定。

(2)穷困:"穷"本义为终极,引申为困窘、贫穷之义;"困"本义为阻碍,也引申为艰难、困窘、物质贫乏之义。两者在引申义上为近义词,可单用,也可连用,表示艰难窘迫。在完成词汇化前,语素前后顺序可以颠倒。如《易·系辞下》:"困穷而通。"《战国策·燕策三》:"樊将军以穷困来归丹,丹不忍以己之私而伤长者之意。"后来多用"穷困"。

并列式复合词很多是由相反的形容词性语素构成的,如"长短""贫富""贵贱""轻重""贤愚"等,其最初的意思往往比较具象,后来则比较抽象。有些复合词的语素结合得并不紧密,不妨认为它们是固定短语。

(二)偏正式复合词

偏正式复合词的前后两个语素有偏正关系,偏语素制约正语素。以名词为中心语的又叫定中式复合词,以动词、形容词为中心语的又叫状中式复合词,其中前者更为常见。偏正式和并列式是能产性最高的复合词类型。

1. 定中式复合词

(1)内子:"内"本指内室,"子"可泛指人。古人以卿之嫡妻为"内子"。如《左传·僖公二十四年》:"(赵姬)以叔隗为内子,而己下之。"杜预注:"卿之嫡妻为内子。"后"内子"泛指妻子。如《晏子春秋·杂下六》:"饮酒,酣,公见其妻曰:'此子之内子邪?'晏子对曰:'然,是也。'"

(2)桑田:本指种植桑树的田地,也指种植农作物的田地。如《诗·鄘风·定之方中》:"星言夙驾,说于桑田。"后代也指桑田沧海的巨变。如杨斑《龙膏记·游仙》:"看人间几变桑田。"

(3)柏舟:指柏木做的船。如《诗·邶风·柏舟》:"泛彼柏舟,亦泛其流。"

2. 状中式复合词

(1)先生:本指始生子,犹言头生。如《诗·大雅·生民》:"诞弥厥月,先生如达。"朱熹集传:"先生,首生也。"后来转类为名词,可以指父兄。如《论语·为政》:"有酒食,先生馔。"何晏集解引马融曰:"先生,谓父兄。"后来多指年长有学问的人。《孟子·告子下》:"先生将何之?"赵岐注:"学士年长者,故谓之先生。"或专指老师。如《孟子·离娄》:"昔沈犹有负刍之祸,从先生者七十人,未有与焉。"后来转变为指一般人。

(2)权宜:"权"有姑且、暂且之义,"权宜"义为暂时适宜。《后汉书·王允传》:"卓既歼灭,自谓无复患难,及在际会,每乏温润之色,杖正持重,不循权宜之计,是以群下不甚附之。""权宜"也可以转类为名词,相当于"权宜之计",指暂时适宜的措施。如《后汉书·西羌传论》:"计日用之权宜,忘经世之远略。"《北史·齐炀王宪传》:"此乃乱时权宜,非经国之术。"

(三)述宾式复合词

述宾式复合词两个语素之间有支配与被支配的关系,即前一个语素支配着后一个语素。前一个语素多为及物动词,少数为不及物动词和形容词,为不及物动词和形容词时多为句法上的使动用法。后一个语素多为名词性成分作宾语。述宾式复合词的词汇化程度相对较低,有些可以在中间插入其他成分,属于离合词。

述宾式复合词的宾语成分来源比较复杂,有的表示动作的对象,有的表示动作的地点,有的表示动作的结果。

1. 宾语表示动作的对象

(1)司仪:"司"有主管、职掌之义,动作性较弱。《周礼·秋官》有"司仪"一职,负责接待宾客的礼仪。历代也有类似的职官。现代把举行典礼时报告进行程序的人也称为"司仪"。

(2)救火:"救"有制止、阻止之义。如《论语·八佾》:"季氏旅于泰山。子谓冉有曰:'女弗能救与?'"何晏集解引马融曰:"救,犹止也。""救火"原指制止火灾,即灭火,没有救援之义。如《左传·昭公十八年》:"陈不救火,许不吊灾,君子是以知陈许之先亡也。"

(3)食言:义为言已出而又吞没之,即言而无信之义。如《尚书·汤誓》:"尔无不信,朕不食言。""食"在这一结构中的动作性很弱。

(4)报仇:亦作"报雠"。"雠"即仇敌,"报雠"即采取行动打击仇敌。如《左传·僖公十五年》:"必报雠,宁事戎狄。"《史记·刺客列传》:"今智伯知我,我必为报雠而死。""报仇"的词汇化程度很低,中间可以插入其他成分,如"报了仇""报大仇"。

(5)悦目:义为使眼目愉悦。如刘向《说苑·修文》:"衣服容貌者,所以悦目也。"后转类为形容词,指好看。冰心《再寄小读者》之八:"最爽心悦目的是红紫黄白各色的郁金香。""悦"为心理动词,在这一结构中的动作性也很弱。

2. 宾语表示动作的地点

(1)食邑:"邑"可指君主赐予臣下的封地,"食邑"本义为依赖封地以为生。《国语·晋语四》:"公食贡,大夫食邑,士食田,庶人食力。"又如《史记·萧相国世家》:"高祖以萧何功最盛,封为酂侯,所食邑多。""食邑"前有"所"字结构,足见"食邑"仍为动宾关系。"食邑"后也作名词使用,同"邑",也指古代君主赐予臣下作为世禄的封地。如《史记·曹相国世家》:"参将兵守景陵二十日,三秦使章平等攻参,参出击,大破之。赐食邑于宁秦。"

(2)弃市:汉代在长安东市处决死刑犯,后以"东市"泛指刑场,刑场还可以简称为"市"。《礼记·王制》:"刑人于市,与众弃之。""弃市"本指受刑罚的人皆在街头示众,民众共同鄙弃之,后以"弃市"专指死刑。如《汉书·宣元六王传》:"京房及博兄弟三人皆弃市,妻子徙边。"

3. 宾语表示动作的结果

(1)立功:义为建树功绩、建立功劳。如《左传·襄公二十四年》:"大上有立德,其次有立功,其次有立言,虽久不废,此之谓不朽。""立"的动作性很弱。

(2)成列:义为形成队列、排成行列。如《韩非子·外储说左上》:"楚人众而宋人寡,请使楚人半涉未成列而击之,必败。"《史记·淮阴侯列传》:"车不得方轨,骑不得成列。""成"的动作性很弱。

(四)述补式复合词

述补式复合词的后一个语素补充修饰前面的语素,前一语素多为及物动词,后一语素多为动词性和形容词性的语素。在语义上,后一语素多表示前一语素的结果。在结构上,由于前后语素都是谓词性成分,述补式复合词似乎是从并列式的动词性结构发展而来。例如:

(1)怀柔:"怀"有招致、招来之义,"柔"有怀柔、安抚之义。"怀柔"原指帝王祭祀山川,招来神祇,使各安其位,即先"怀"而后"柔","柔"是"怀"的结果。如《诗·周颂·时迈》:"怀柔百神,及河乔岳。"毛传:"怀,来;柔,安。"又如《汉书·郊祀志》:"天子祭天下名山大川,怀柔百神。"颜师古注:"怀,来也;柔,安也。言招来百神而安处之。"后把笼络安抚外国或国内少数民族等称为"怀柔"。如《三国志·吴志·吴主传》:"倡导休风,怀柔百越。"

(2)辩明:"辩"原本有叙事、说理明白清楚的意思,"辩明"即表述明白,"明"是"辩"的结果,语义关联极为紧密。如《史记·孝武本纪》:"群儒既以不能辩明封禅事,又牵拘于《诗》《书》古文而不敢骋。""辩"还有辨析、分辨的意思,"辩明"后来还有辨析明白、分辨明白的意思。

(3)战胜:原指经战斗而获胜,"胜"是"战"的结果,语义关联极为紧密。如《孙子·虚实》:"故其战胜不复,而应形于无穷。"《史记·陈丞相世家》:"吾用先生谋计,战胜克敌,非功而何?""战胜"后发生隐喻引申,泛指竞争或竞赛中取得胜利或取得成功。

(4)改善:原指改正过失或错误,回心向善,"善"是"改"的结果。如《后汉书·独行传·王烈》:"盗惧吾闻其过,是有耻恶之心。既怀耻恶,必能改善。"《晋书·载记·第二十四章》:"伊尹非有周公之亲而功济一代,太甲乱德,放于桐宫,思愆改善,然后复之。"后"改善"意义泛化,指改变原有情况,使之好一些。

(五)主谓式复合词

主谓式复合词的前后两个语素表现为被陈述或陈述的关系,前一语素多为名词性的,后一语素多为动词性的和形容词性的。如:

(1)自负:"负"有依恃、凭借之义,"自负"即自己依恃自己的才能,自以为了不起。如《史记·李将军列传》:"李广才气,天下无双,自负其能。"这里的"自负"后面还接有宾语,可视其为短语。后慢慢不再接宾语,如司空图《与李生论诗书》:"愚幼常自负,既久而逾觉缺然。"后来"自负"可作形容词用,如方志敏《可爱的中国》:"何况我正是一个血性自负的青年。""自负"前还可以加程度副词,如《留东外史》第三十五章:"我当时也很自负。""自负盈亏""文责自负"中的"自负",意思是自己负责,它是与主谓式复合词"自负"同形的一个主谓短语。

(2)月食:亦作"月蚀"。"月食"义为月亮亏蚀,如《礼记·昏义》:"日食则天子素服,而修六官之职,荡天下之阳事;月食则后素服,而修六宫之职,荡天下之阴事。"现代汉语常见组合为"发生月食""出现月食",说明"月食"已经完成了词汇化。

(3)神往:"神往"原本指心神出游。如郭遐叔《赠嵇康》诗之二:"驰情运想,神往形留。"后引申为内心向往。如张潮《〈板桥杂记〉小引》:"似此胜游,真堪神往。"

以上词例虽然都出现在中古之前,然而它们所代表的五种结构方式直到今天仍旧是现代汉语复合词最为能产的构词方式。除此之外,有一些古代的常用句法结构在现代汉语的构词中已不再能产,但由它们构成的复合词今天仍有使用。如:

1. 名词作状语

(1)膝行:义为跪着行走,表示敬畏。如《庄子·在宥》:"广成子南首而卧,黄帝顺下风膝行而进。"《史记·刺客列传》:"太子再拜而跪,膝行流涕。"冰心《寄小读者》之十:"有一次,你病得重极了。地上铺着席子,我抱着你在上面膝行。"

(2)瓦解:义为如瓦片一样碎裂,比喻崩溃或分裂、分离。如《淮南子·泰族训》:"武王左操黄钺,右执白旄以麾之,则瓦解而走,遂土崩而下。"

(3)蚕食:义为如蚕食桑叶,比喻逐渐侵占。如《史记·秦始皇本纪》:"自缪公以来,稍蚕食诸侯,竟成始皇。"

(4)露宿:义为露天住宿。如《韩非子·外储说右上》:"于是太子乃还走,避舍露宿三日,北面再拜,请死罪。"

名词作状语的结构也可以归入偏正式复合词。

2. 动词+原因

(1)卧病:义为因病卧床。如唐孟浩然《晚春卧病寄张八子容》诗:"南陌春将晚,北窗犹卧病。"

(2)养病:义为因患病而调理休养。如《礼记·射义》:"酒者所以养老也,所以养病也。"又如《汉书·傅喜传》:"赐喜黄金百斤,上将军印绶,以光禄大夫养病。""养病"的词汇化程度很低,中间可以插入其他成分,如"养好病"。

(3)拘礼:义为因礼法或礼节而拘束。《商君书·更法》:"拘礼之人不足与言事,制法之人不足与论变。"

动词+原因的结构也可以归入述宾式复合词。

3. 数词+名词

现代汉语数词必须借助量词才能与名词结合,而上古汉语数词可以直接与名词结合。

(1)四海:古人以为中国四境有海环绕,故称"四海",具体指哪四海,说法不一。如《尚书·益稷》:"予决九川,距四海。"《孟子·告子下》:"禹之治水,水之道也,是故禹以四海为壑。""四海"又指天下、全国各处乃至全世界。如《史记·高祖本纪》:"大王起微细,诛暴逆,平定四海,有功者辄裂地而封王侯。"李绅《悯农·其一》之一:"春种一粒粟,秋收万颗子,四海无闲田,农夫犹饿死。"

(2)六亲:何为"六亲",历来说法不一。《老子》:"六亲不和有孝慈。"王弼注:"六亲,父、子、兄、弟、夫、妇。"又《管子·牧民》:"上服度,则六亲固。"尹知章注:"六亲,谓父母兄弟妻子。"后泛指近亲。如南朝宋鲍照《松柏篇》:"昔日平居时,晨夕对六亲。"

数词+名词的结构也可以归入偏正式复合词。

第五节　其他造词法

除了语音屈折造词和句法造词,以下造词方法在汉语史上也比较常见。

一、叠音造词——重叠词

叠音造词是通过音节或语素的重叠造出新的复音节词。传统语文学一般把它们称作"重言"。叠音造词肇始于上古,发展于中古,成熟于近代。《诗》和《楚辞》作为先秦诗歌的代表,因为要写景抒情,因此重言词相当丰富。据向熹先生统计,《诗》中重言词高达 359 个,远比其他先秦文献多,而《尔雅·释训》也收录了 145 个重言词。[①]

(一)重言词的类别

1.无意义的单音节的重叠

这类重言词是由纯粹表音而没有任何意义的单音节重叠构成的,单用无义,仅仅是字的重叠,且与字的本义没有关系。如:

关关:指雌雄相和的鸟鸣声,为拟声词,词义与"门闩""关门"都没有关系。如《诗·周南·关雎》:"关关雎鸠,在河之洲。"毛传:"关关,和声也。"后亦泛指鸟鸣声。如鲍照《代悲哉行》:"翩翩翔禽罗,关关鸣鸟列。"

采采:义为茂盛众多的样子。词义与"采摘"无关。如《诗·周南·卷耳》:"采采卷耳,不盈顷筐。"又如《诗·秦风·蒹葭》:"蒹葭采采,白露未已。"

殷殷:义为忧伤的样子,单用"殷"无此义。如《诗·邶风·北门》:"出自北门,忧心殷殷。"

2.有意义的语素的重叠

这类重言词是由与重言词本身近乎同义的某个单音节语素重叠构成的,是词的重叠。如:

呱呱:指小儿的哭声,为拟声词,亦可单用"呱"。单用者如《诗·大雅·生民》:"鸟乃去矣,后稷呱矣。"毛传:"后稷呱呱然而泣。"重叠者,如《尚书·益稷》:"启呱呱而泣。"蔡沈集传:"呱呱,泣声。"又如汉扬雄《法言·寡见》:"呱呱之子,各识其亲。"

昭昭:义为明亮,亦可单用"昭"。单用者如《诗·大雅·抑》:"昊天孔昭,我生靡乐。"重叠者,如《楚辞·九歌·云中君》:"灵连蜷兮既留,烂昭昭兮未央。"王逸注:"昭昭,明也。""昭昭"另有明白、响亮等义。

翼翼:义为恭敬谨慎的样子,"翼"也有恭敬、谨肃的意思。如《逸周书·程典》:"慎

[①] 向熹.简明汉语史(修订版)[M].北京:商务印书馆,2010:398.

下必翼上。"孔晁注:"翼,敬也。""翼翼"重叠者,如《诗·大雅·大明》:"惟此文王,小心翼翼。"郑玄笺:"小心翼翼,恭慎貌。"《汉书·礼乐志》:"王侯秉德,其邻翼翼。"颜师古注:"翼翼,恭敬也。"

(二)从词性上看叠音新造词的类别

1. 拟声词

肃肃:拟鸟羽、虫翅的振动声。如《诗·小雅·鸿雁》:"鸿雁于飞,肃肃其羽。"毛传:"肃肃,羽声也。"谢惠连《捣衣》诗:"肃肃莎鸡羽,烈烈寒螀啼。"

嘤嘤:拟鸟和鸣声。如《诗·小雅·伐木》:"伐木丁丁,鸟鸣嘤嘤。"郑玄笺:"嘤嘤,两鸟声也。"又如吴均《与朱元思书》:"好鸟相鸣,嘤嘤成韵。"

潺潺:拟流水声或雨声。如孟郊《吊卢殷》诗:"百泉空相吊,日久哀潺潺。"此处"潺潺"指"泉水声"。柳宗元《雨中赠仙人山贾山人》诗:"寒江夜雨声潺潺,晓云遮尽仙人山。"此处"潺潺"指"雨水声"。

2. 状态形容词

忽忽:义为倏忽、急速的样子。如《楚辞·离骚》:"欲少留此灵琐兮,日忽忽兮其将暮。"

徐徐:义为迟缓、缓慢。如《易·困》:"来徐徐,困于金车。"高亨注:"徐徐,迟缓也。"

惴惴:义为忧惧、戒慎的样子。如《诗·小雅·小宛》:"惴惴小心,如临于谷。"

浩浩:义为广大无际的样子。如《诗·小雅·雨无正》:"浩浩昊天,不骏其德。"孔颖达疏:"浩浩然,广大之旻天。"

3. 动词

言言:指欢言。如《诗·大雅·公刘》:"于时言言,于时语语。"

语语:指笑语。例同上。又如王维《为干和尚进〈注仁王经〉表》:"老僧空空,复何语语。"

动词性的重言词罕见,后代常用的"听听""说说""闻闻"多为临时组合,表示短时或尝试,这基本上属于语法上的形态变化。

4. 名词

事事:指逐个或全部。如《尚书·说命中》:"惟事事乃其有备,有备无患。"又如《玉台新咏·古诗〈为焦仲卿妻作〉》:"鸡鸣外欲曙,新妇起严妆。着我绣夹裙,事事四五通。"

处处:指各处或各个方面。如《汉书·游侠传》:"自哀平间,郡国处处有豪桀,然莫足数。"宋苏轼《残腊独出》诗之一:"处处野梅开,家家腊酒香。"

世世:指累世或代代。如《尚书·微子之命》:"世世享德,万邦作式。"孔传:"言微子累世享德。"《史记·孟尝君传》:"齐得东国益强,而薛世世无患矣。"

朝朝:指天天或每天。如《列子·仲尼》:"子列子亦微焉,朝朝相与辩。"晋干宝《搜神记》卷十三:"始皇时童谣曰:'城门有血,城当陷没为湖。'有妪闻之,朝朝往窥。"

唐代以后原先单音节的亲属称谓很多重叠为双音节的形式,如:

娘娘:母亲本称作"嬢",也称作"娘",后称作"娘娘"。如《敦煌变文集·目连缘起》:"娘娘且是亲生母,我是娘娘亲福(腹)儿。"

姐姐：吴曾《能改斋漫录·妇女称姐》："近世多以女兄为姐,盖尊之也。"后也用"姐姐"称呼同父母（或只同父、只同母）而年长于己的女子。如《前汉书平话》卷中："吕胥曰：'姐姐（称吕雉）不如损讫关外十王。'"关汉卿《鲁斋郎》楔子："我浑家就是你亲姐姐一般。"

姑姑：指父亲的姐妹,也称"姑母"。《前汉书平话》卷下："田子春起坐便谢,引奉郎来拜姑夫、姑姑。"俞樾《茶香室丛钞·姑姑》："今侄呼其姑曰姑姑。"宋人已有此称。

先秦文献中很多重言词可带一些表形状的词尾,如：

巍巍乎：义为高大,如《论语·泰伯》："巍巍乎！舜禹之有天下也而不与焉。"

侃侃如：义为和乐的样子,如《论语·乡党》："朝,与下大夫言,侃侃如也。"

纷纷然：义为繁忙、忙乱,如《孟子·滕文公上》："何为纷纷然与百工交易？"

上古叠用的两个字不一定都是重言词,也可能是存在句法关系的短语,如《礼记·大学》："上老老而民兴孝,上长长而民兴悌。"又《尚书·尧典》："明明扬侧陋。""老老""长长""明明"都为动宾关系。

二、骈字造词——联绵词

(一)联绵词的性质及来源

所谓骈字造词就是用不可拆分的两个音节（书面上看到的是两个字）造出新的双音节联绵词。古人常用"骈字""连语""连绵字"称呼两字相连的词语,其中主要指的就是联绵词。联绵词就音节的构成看是双音节词,就词的意义构成看是一种单纯词。历代很多学者把重言词也当作联绵词,这里将两者分开讨论。

联绵词不可拆开来解释,但有些古人不明此理,常有望文生义之举,如《史记·魏其武安侯列传》："武安已罢朝,出止车门,召韩御史大夫载,怒曰：'与长孺共一老秃翁,何为首鼠两端。'"

这段话的背景是魏其侯窦婴和武安侯田蚡这两位外戚重臣在朝堂上发生争执,御史大夫韩安国谁都不敢得罪,发言时表现出了不置可否的态度,令田蚡非常不满。所以退朝以后,武安侯田蚡招呼韩安国同乘一辆车,生气地说："我和你共同对付一个老秃翁（指窦婴）,你为什么首鼠两端呢？"

据文义可知,"首鼠两端"指的是韩安国不置可否、模棱两可、犹豫不定的骑墙态度。这里,"两端"中的一端为魏其侯,另一端为武安侯。但"首鼠"是什么意思呢？古代有人说"鼠"是老鼠。陆佃《埤雅·释虫》："鼠性疑,出穴多不果,故持两端者,谓之首鼠。"韩安国左右摇摆,像只胆小的老鼠,貌似说得通。可"首"是什么意思呢？是脑袋吗？是"第一"吗？认为"首鼠"是第一只老鼠,貌似也有些道理,韩安国确实是朝堂上第一个表态的大臣。有人说,一群老鼠出洞穴的话,第一只老鼠提心吊胆,后来出来的老鼠就无所顾忌,貌似也说得通。可是古代并不是只有"首鼠"一种写法。如《盐铁论·利议第二十七》："是孔丘斥逐于鲁君,曾不用于世也。何者？以其首摄多端,迂时而不要也。"这里是说孔子的主张模棱两可。又如《后汉书·邓训传》："先是小月氏胡分居塞内,胜兵者二三千骑,皆勇健富强,每与羌战,常以少制多。虽首施两端,汉亦时收其用。"这里说小月氏胡这支少数民族部落对东汉朝廷的态度模棱两可、犹豫不定、时好时坏。

如果"首鼠"说的是老鼠的话,是断断不会写成"首摄"和"首施"的。实际上,"首鼠"

"首施""首摄"都是双声的联绵词,由"鼠"转"施"、转"摄"是双声相转,几个字的声母一样。而"首鼠"又是由"踌躇"叠韵转化而来,韵母相同。而"踌躇"和"踟蹰"也是关系密切,声母相同。这是一组存在亲缘关系的联绵词。因此,"首鼠两端"的表义与老鼠没有任何关系。"首鼠"两个字是不能够分开来理解的,它是一个语素,属于双音单纯词。

像陆佃这种误拆联绵词的做法是历代训诂学家常犯的一个毛病。我们把这种错误叫作望文生义。它产生的基础在于汉字的表意性,很多人错误地以为联绵词的每个汉字都是表义的。

我们这里再举两个望文生义的例子。

《释名·释乐器》:"箜篌,此师延所作靡靡之乐也。后出于桑间濮上之地,盖空国之侯所存也,师涓为晋平公鼓焉。郑、卫分其地而有之,遂号郑、卫之音谓之淫乐也。"箜篌本是一种形似竖琴的乐器,"箜"古音在溪纽、东部,"篌"古音在匣纽、侯部,韵为侯、东对转,声为旁纽。故可看成是准双声叠韵的联绵词。刘熙随意附会,以为是"空国之侯所存",这种词源探索是不可信的。

《释名·释乐器》:"枇杷,本出于胡中马上所鼓也。推手前曰枇;引手却曰杷。象其鼓时,因以为名也。""枇杷"即"琵琶",是双声联绵词(古音同为並纽),这两个字音与"批"(手指展开往前击打)、"把"(手指弯曲)两字谐音,故刘熙以"推手""引手"为释。

上面三个有关联绵词的例子,古人都因为着眼于单个汉字的意义,望文生义,曲解了联绵词的结构意义。今天我们分析复音词时一定要注意这种单纯的复音词,不能把一个语素构成的单纯词误认为是两个语素构成的复合词。

联绵词的来源比较复杂,绝大多数已不可细考。大体而言,可能的来源主要有以下四种。

1. 复合词内部融合

复合词,由于内部语素(特别是同义或近义的语素)长期连用而发生融合,其内部形式不再为人们所关注,于是由双音节的复合词变成了单语素双音节的联绵词。如前代很多学者都讨论过"囹圄"一词作为复合词的可能。

《礼记·月令》:"命有司,省囹圄,去桎梏。"孔颖达疏:"囹,牢也;圄,止也,所以止出入,皆罪人所舍也。"王念孙《读书杂志·汉书第十六》:

《礼乐志》"囹圄空虚四十余年",师古曰:"囹,狱也,圄,守也。"念孙案:师古分囹圄为二义,非也。郑注《月令》曰"囹圄所以禁守系者,若今别狱矣"。然则"囹圄"为狱名,而又取禁守之义,不得训"囹"为狱,训"圄"为守也。"囹"之言令,"圄"之言敔也。《说文》曰"敔,禁也"。《广雅》曰"令、敔,禁也"。是"囹""圄"皆禁守之义。

孔颖达、颜师古、王念孙三人的观点并不完全相同,但均认为"囹圄"应该字字皆有义,原先应该是复合词。

再如"陵夷"指山坡缓平貌,颜师古和王念孙对其结构也有不同看法。

王念孙《读书杂志·汉书第十六》:

《成纪》:"帝王之道,日以陵夷。"师古曰:"陵,丘陵也。夷,平也。言其颓替若丘陵之渐平也。"又曰:"陵迟亦言如丘陵之逶迟稍卑下也。他皆类此。"念孙案:师古以"陵"为丘陵,非也。"陵"与"夷"皆平也。

再如"契阔"。《诗·邶风·击鼓》:"死生契阔,与子成说。执子之手,与子偕老。"黄生《义府》卷上:"'契',合也,'阔',离也,与'死生'对言。"可见表"离合"之义的"契阔"原先应该是并列式结构。

诸如此类,很多的联绵词可能最初都来源于复合词,然而由于意义引申、语音变化,人们已经很难还原其最初的结构形式。证据不足时如勉强求之,还容易落入望文生义的训诂陷阱。

2. 单音节词的衍音缓读

有些单音节词或是加上一些无意义的衍音,或是因为缓读时声音延长,使得单音节词变成了双音节的联绵词。衍音者如:

《说文·艸部》:"茮,茮莍也。"段玉裁注:"'茮莍'盖古语,犹《诗》之'椒聊'也。单呼曰'茮',累呼曰'茮莍'、'茮聊'。《唐风》:'椒聊之实。'毛曰:'椒聊,椒也。'"

根据段玉裁的意见,"茮"(椒)、"茮莍"、"茮聊"(椒聊)三者实为同物异名的关系,"莍""聊"均为居后的衍音。

《说文通训定声·豫部》"藸"字注:"藸蔗叠韵连语……单言曰蔗,累言曰藸蔗耳。"

根据朱骏声的意见,单音词"蔗"前加衍音"藸",遂成联绵词"藸蔗"。

由上面两例可以发现,加衍音而成的联绵词都存在或双声或叠韵的关系。

单音节词在缓读时,声韵母会分开,原先的声母后会配上新的韵母,原先的韵母前后会配上新的声母,以此来形成双音节的联绵词。如:

《尔雅·释天》:"扶摇谓之猋。"《说文解字·风部》:"飙,扶摇风也。"可见"飙"缓读则为"扶摇"。

《诗·鄘风·墙有茨》:"墙有茨,不可埽也。"毛传:"茨,蒺藜也。"可见"茨"缓读则为"蒺藜"。

3. 不明外来词的遗迹

有些联绵词可能来自某些外族语言的音译词,原本属于下面要谈到的音译造词,但由于年代久远,具体源自何种语言已经难以得到确凿的证明。

如《汉书·霍去病传》:"出北地至祁连山。"师古注:"祁连即天山也。匈奴呼天为祁连。"《释名·释天》说:"青徐以舌头言之,天,坦也。"叶德炯注释中认为,"坦"字与"天"字古音都属于"透"母,缓读为"祁连"。显然,"祁连"是用汉代青徐一带的方音对译的匈奴语"天山"。

又如上文提到的"琵琶"这类乐器,原流行于西域游牧人群之间,秦汉之时中原人引进它时应该是名从主人,依外来语读音称呼,今天也无法追寻其具体源自何种语言。

4. 复辅音的遗迹

第三章提到很多谐声字的材料都提示上古汉语可能存在复辅音,今天很多汉语联绵词所对应的汉藏亲属语言中仍保留复辅音的音节形式,可以推测这些联绵词实际上来自上古复辅音声母的分立。如"果蓏"(圆形果实)、"穹庐"(圆形帐篷)、"佝偻"(曲背义)、"蛤蜊"(壳为圆形的软体动物)等都以圆为语义核心,为 k-/l-式的双音节联绵词,而很多汉藏语亲属语言在表示"圆""弄圆""缠绕"等相关意义时,仍保留了 kl、gr、gl 等复辅音声母的形式,这就使我们相信今天的 k-/l-式双音节联绵词实际上来自复辅音声母[*kl-]等的分立。

(二)联绵词的特点

1.声韵相同或相近

构成联绵词的两个音节在古音上往往有一定的联系。有的是声母相同或相近,称作双声;有的是韵(指主要元音和韵尾)相同,称作叠韵。有一些联绵词,过去是双声或叠韵的关系,到了现代这种关系已经疏远,这是因为古今语音差异的缘故。下面举古今差异不大的联绵词:

(双声)首鼠 仿佛 踌躇 流离 玲珑 留连 恍惚 鸳鸯 蜘蛛 琵琶
(叠韵)蹉跎 仓皇 莽苍 窈窕 依稀 逍遥 荒唐 混沌 霹雳 徘徊
(双声兼叠韵)契阔(溪母双声,月部叠韵) 优游(影母双声,幽部叠韵) 辗转(端母双声,寒部叠韵)。

还有部分联绵词可能语音联系并不紧密,如"铿锵""狼狈""伉俪""滂沱"等。

2.意义连缀,不可拆解

联绵词的两个音节浑然一体,连缀表义,不可拆开理解。也就是说构成联绵词的两个音节(书面上看到的是两个字)只是表示读音,分开来没有什么意思。如:"首鼠"跟"鼠"无关;"犹豫"跟"犹"(即五尺犬)无关。

3.书写形式不固定

既然表示联绵词的两个字只是表音的,就可以看作一个记音符号。汉语中的同音字多,所以用字就不十分固定。书写形式尽管很多,但表示的词还是一个,所以在辨识联绵词的时候不能拘泥于书写形式,要从读音和意义上着眼。如:"匍匐"又作"蒲服""蒲伏""扶服""俯伏""匍伏";"望羊"又作"望洋""望佯""望阳"等。

4.部分联绵词形符趋同

汉语是表意体系的文字,联绵词"义寄于声",用以形表义的汉字记录以音表义的联绵词,在音同的条件下,字形的选用各随己意。如"鸳鸯"二字从鸟;"蜘蛛"二字从虫;"徘徊"二字从彳;"踌躇"二字从足;"窈窕"二字从穴。

5.部分联绵词使用灵活

部分联绵词在使用中非常灵活,即使分开使用、反转使用、重叠,结果并未影响或改变词义的表达。如"缤纷"又可单作"缤"(《九歌·湘夫人》"九嶷缤兮并迎,灵之来兮如云");"崎岖"又可作"岖崎"(李敬方《遣兴》"何必劳方寸,岖崎问远公");"踟蹰"又可作"蹰踟"(唐顺之《周襄敏公传》"公愕然,因入静室蹰踟久之,喜曰:'吾得之矣'");"委蛇"又可作"委蛇委蛇"(《诗·召南·羔羊》"退食自公,委蛇委蛇")。

三、音译造词——音译词

(一)音译词的性质及来源

音译造词是指在引进外来概念的同时,语音形式也全部或部分借自外来语的造词方式。这种方法造出的音译词也称作借词或狭义的外来词。广义的外来词还包括完全用意译的方法翻译外来概念而造出的汉语词。这种意译词与其他汉语复合词的结构方式基本相同,造词方法上仍旧属于句法造词。近代日源借形词借用了日本汉字字形,实际上也是一种特殊的用汉语翻译西方语言的意译词,不过是假日本人之手完成了这一翻译。如日语借形词"干部""出版""客观",按汉字本来的意义也可以分析为复合词。更有一些词,如"劳动""经济""社会"就是古汉语原有的词汇或组合,不过是日本人在翻译西方概念时给这些词以新的含义而已。

音译词历代皆有,其主要代表有源自古代匈奴或西域的音译词(如"骆驼、胭脂、琉璃、石榴、苜蓿、葡萄、可汗")、源自古代汉译佛经的音译词(如"比丘、沙弥、刹那、佛陀、罗汉、夜叉、涅槃、瑜伽")、源自近代满蒙贵族的音译词(如"站、歹、安达、戈壁、萨其马、贝勒、包衣")和源自近现代西方国家的音译词(如"乌托邦、逻辑、雪茄、雷达、绷带、酒吧")。

就来源语而言,为汉语借出词汇最多的语种主要有英语、梵语、俄语、蒙古语、藏语、法语、突厥语、满语、阿拉伯语、波斯语等。[①]

(二)音译词的特点

汉语中的音译词主要有如下特点。

(1)词形前期多不稳定,可能存在多个音译形式。

如"葡萄"又作"蒲陶""蒲萄""蒲桃","袈裟"又作"袈裟野""迦逻沙曳""迦沙""加沙","印度"又作"天竺""身毒""贤豆"。

(2)通行常用的音译形式在词形上往往呈现出因形见义、望文生义的汉化特征。

如"葡萄""袈裟""骆驼"等词形之所以成为后来通行的词形,就在于每个汉字都有可以提示词义的意符。又如"乌托邦"(音译自英语 utopia)、"绷带"(音译自英语 bandage)在用字表意上兼顾了原词的意义,几乎可以由汉字义直接推知词义。

(3)音译词的译音选字往往有着很深的时代烙印和地域烙印。

"南无",梵语 namas 的中古汉语音译,为佛教用语,有归命、敬礼、度我之义,表示对佛法僧三宝的归敬。"南",《广韵》那含切,为咸摄覃韵字,有[-m]韵尾。"无",《广韵》莫胡切,为明母字,为[m-]声母。"南无"在中古可以很好地对应梵文 namas 的发音。

"的士",英文 taxi 的粤语音译,指小型出租汽车。"的"为入声字,粤语保留了"的"的入声韵尾,"的士"的粤语读音可以更好地对应 taxi 英文发音['tæksi]。

(4)成熟的音译词往往进一步简省化、语素化,或加汉语类名,或与汉语固有语素组合,进行句法造词、加缀造词,构成多种半音译的形式。

"菠菜",原作"菠薐菜""菠薐""菠薐"等。唐宋文献记载该蔬菜源自"颇棱国"或"泥婆罗",即今天尼泊尔。"菠菜"由简省的译音加汉语类名构成。

"忏",源自梵语 ksama,音译为"忏摩",省略为"忏",与汉语固有词"悔"义近,两者联合造出并列式复合词"忏悔"。

"佛陀",梵语 buddha 的译音,或译为"浮屠""浮图""菩提""勃驮"等。佛教认为,凡能"自觉""觉他""觉行圆满"者皆可为"佛陀",简称"佛"。"佛"又可以作为构词语素,可构成"佛寺""佛经""佛像""佛学"等复合词。

---

① 史有为.汉语外来词[M].北京:商务印书馆,2000:186.

(5)很多音译词在流行一段时间后最后被本土化的固有词、意译词、半音译词所取代。

音译自梵语的"波罗密"被"彼岸"所代替,"阿闍梨"被"高僧"所代替;音译自英语的"德谟克拉西"被"民主"所代替,"额斯达"被"财产"所代替。

四、加缀造词——派生词

加缀造词是用词根与词缀组合成派生词的方法。加缀造词和前面提到的语音屈折造词、句法造词、叠音造词也是语法史讨论的内容。

词根语素是词的核心部分,它是汉语派生词词义的主要承担者。词缀语素,古人多称其为助字、虚字,是词的附加部分,它或是为了凑足音节,或是为了辅助词根表达整个词义,在句法造词和单独构词时它可能还有词汇意义,但在充当词缀时它的意义已经虚化。还有一些学者会把上古汉语的词缀分析为各种语气助词,然而多数情况下这些词缀似乎只为完成词汇的双音节化,并不一定依附于整个句子,也不会对句义的表达产生影响。

词缀在派生词里出现的位置,一般是固定的。附在词根前面的词缀称为前缀或词头,附在词根后面的词缀称为后缀或词尾,插入词根中间的词缀称为中缀。古代汉语中典型的中缀比较少。

词缀的古今更迭和历时重叠同时存在,下面仅列举文言系统和白话系统中的代表词缀。

(一)文言的加缀造词

1."有"

(1)"有"用于国名、地名、部落名等专有名词的前面。

《尚书·召诰》:"我不可不监于有夏,亦不可不监于有殷。""有夏"即夏代,"有殷"即殷代。

《庄子·人间世》:"禹攻有扈。""有扈"即扈国,故址在陕西省户县北,今属西安市鄠邑区。

(2)"有"用于普通名词的前面。

《尚书·皋陶谟》:"予欲左右有民,汝翼。""有民"即百姓。

《尚书·召诰》:"有王虽小,元子哉!""有王"即周王。

(3)"有"用于形容词、动词的前面。

《诗·周南·桃夭》:"桃之夭夭,有蕡其实。""有蕡"即草木果实繁盛硕大貌。

《诗·邶风·日月》:"胡能有定?宁不我顾?""有定"即心定。

2."其"

(1)"其"用于不及物动词的前面。

《诗·唐风·扬之水》:"既见君子,云何其忧?""其忧"即忧虑。

(2)"其"用于形容词的前面。

《诗·邶风·北风》:"北风其凉,雨雪其雱。""其雱"即雨雪下得很大。

(3)"其"用于形容词的后面。

《诗·秦风·小戎》:"言念君子,温其如玉。""温其"即温和。

3."言"

"言"和"于""薄""载"多用于动词的前面,但基本上都是出现在四言的韵文中。

《诗·豳风·七月》:"言私其豵,献豜于公。""言私"即私人据有。

《诗·召南·草虫》:"陟彼南山,言采其薇。""言采"即采集。

4."于"

《诗·周南·桃夭》:"之子于归,宜其室家。""于归"即出嫁。

《诗·邶风·燕燕》:"黄鸟于飞,差池其羽。""于飞"即飞。

5."薄"

《诗·周南·葛覃》:"薄污我私,薄浣我衣。""薄污"即洗去污垢,"薄浣"即洗涤。

"薄"与"言"有一起连用作词头的情况,如《诗·周南·芣苢》:"采采芣苢,薄言有之。"

6."载"

《诗·鄘风·载驰》:"载驰载驱,归唁卫侯。""载驰载驱"即车马疾行。

《诗·小雅·斯干》:"乃生男子,载寝之床。""载寝"即让他睡下。

7."然"

"然"和"如""尔""若""焉"等词缀均可作词尾,一般用于形容词和副词后,有描摹状态的作用。如:

《诗·邶风·终风》:"惠然肯来。""惠然"即和顺的样子。

《孟子·梁惠王上》:"填然鼓之。""填然"即声音很大的样子。

8."如"

《史记·司马相如列传》:"天下晏如也。""晏如"即平静。

《论语·八佾》:"乐其可知也:始作,翕如也。"何晏集解:"翕如,盛也。"

9."尔"

《论语·先进》:"子路率尔而对。""率尔"即草率、轻率的样子。

《论语·先进》:"鼓瑟希,铿尔,舍瑟而作。""铿尔"即声音洪亮。

10."若"

《诗·卫风·氓》:"桑之未落,其叶沃若。""沃若"即光泽柔润的样子。

《公羊传·文公十四年》:"力沛若有余而纳之。""沛若"即盛大的样子。

11."焉"

《诗·小雅·大东》:"睠言顾之,潸焉出涕。""潸焉"即流泪的样子。

《尚书·秦誓》:"其心休休焉,其如有容。""休休焉"即宽容、气魄大。

上古除了以上常见的词头、词尾,另外"子夏""子封""子游""子产"中的"子"、"曰杀羔羊"中的"曰"、"爰居爰处"中的"爰"、"聿修其德"中的"聿"、"式微"中的"式"、"於越"中的"於"、"勾吴"中的"勾"、"老鼠"中的"老"也多被认为是词头。

以上除了"然""若""老"等少数词缀被后代沿用,其他上古词缀在后世文言中多呈萎缩的趋势,虽然历代文献中偶有用例,但多是仿古或在称引前代时使用。①

(二)白话的加缀造词

1."老"

"老"最初作形容词,表示年老或年长的意思。如《论语·子路》:"樊迟请学稼,子曰:'吾不如老农。'请学为圃,曰:'吾不如老圃。'""老农""老圃"中的"老"即有年长且富有经验的意思。西汉扬雄《方言》第八:"蝙蝠,自关而东谓之服翼,或谓之飞鼠,或谓之老鼠。"汉代关东方言把"老鼠"作为蝙蝠的别称,说明在汉代口语中"老"可能已有词头化的倾向。

"老"虚化为词头,大量置于名词、形容词、数词前面,是从六朝以后开始的。如:

《太平广记》卷四四二引刘义庆《幽明录·董仲舒》:"卿非狐狸,即是老鼠。"

沈约《宋书·刘敬宣传》:"但令老兄平安,必无过虑。"

沈约《宋书·王玄谟传》:"刘秀之俭啬,呼为老悭。"

白居易《编集拙诗成一十五卷因题卷末戏赠元九、李二十》:"每被老元偷格律,苦教短李伏歌行。"

苏辙《湖阴曲》:"老虎穴中卧,猎夫不敢窥。"

吴敬梓《儒林外史》第十六回:"阿叔道:好呀!老二回来了。"

"老"作词头后其"年老"的意思并未消失。"老婆""老师"中的"老"原本都不是词头。②

如寒山《诗三百三》之三六:"东家一老婆,富来三五年。"这里的"老婆"即指年老的妇女。称妻子为"老婆",是宋以后的事。如吴自牧《梦粱录·夜市》:"更有叫'时运来时,买庄田,取老婆'卖卦者。"

又如"老师"本指年老辈尊的传授学术的人,后来"老"的意义逐渐虚化,"老师"则泛称传授文化、技艺的人。如《新五代史·杂传十七·崔棁》:"其乐工舞郎,多教坊伶人、百工商贾、州县避役之人,又无老师良工教习。"明清两代,生员、举子称座主和学官为"老师"。王世贞《觚不觚录》:"至分宜当国,而谀者称老翁,其厚之甚者称夫子。此后门生称座主俱曰老师。"③

2."阿"

(1)"阿"用在人名前,有亲昵的意味。

赵彦卫《云麓漫钞》卷四:"古人多言阿字,如……汉武阿娇金屋。晋尤甚,阿戎、阿连等语极多。唐人号武后为阿武婆。妇人无名,第以姓加阿字。今之官府妇人供状,皆云阿王、阿张,盖是承袭之旧云。"

(2)"阿"用在亲属称呼前,有亲昵的意味。

《玉台新咏·古诗为焦仲卿妻作》:"府吏得闻之,堂上启阿母。"

---

① 杨春燕,蒋宗许.古代汉语词头研究[J].中国俗文化研究.2005(3):95.
② 王力.汉语史稿[M].3版.北京:中华书局,2015:218.
③ 明奸相严嵩,江西分宜人。世多以"分宜"代称严嵩。

《木兰诗》:"阿姊闻妹来,当户理红妆。"
(3)"阿"用在排行次第的前面,有亲昵或轻视的意味。
《南史·萧晔传》:"阿五常日不尔,今可谓仰藉天威。"
今天有些方言仍把"阿"字加于数字前表示排行。
(4)"阿"还可以作为人称代词的词头。
《乐府诗集·横吹曲辞五·紫骝马歌辞》:"道逢乡里人,家中有阿谁?"
《太平广记》卷三二四引刘义庆《幽明录·刘隽》:"阿侬已复得壶矣。"今上海话仍自称"阿侬"。

3."子"

"子"在上古文献中多数情况下并非词尾,而是有"所生的儿女""男子尊敬""禽兽初生者""某种行业的人""小而圆的东西"等实词义,所以"男子""女子""君子""公子""虎子""舟子""黑子"等结构中的"子"不必视作词尾,"瞳子""眸子"中的"子"存在两可的情况,仔细观察别人瞳孔确能见到小人的形状。

用于小称是"子"词尾化的基础,魏晋以后,词尾"子"字广泛用作称谓、器物、动物、植物的词尾。如:

(1)用于人名后,这是对"男子""女子""君子"用法的继承。
《北齐书·祖珽传》:"一妻耳顺,尚称娘子。"
《后汉书·逸民传·韩康》:"此自老子与之,亭长何罪!"这里"老子"为老年人自称,后用于自高自大的人自称。今天口语仍常用。

(2)用于各种器物名称后。
应劭《汉官仪》卷上:"侍中……分掌乘舆服物,下至亵器虎子之属。"这里的"虎子"指便壶,因形为伏虎状,故有此名。它与"不入虎穴,不得虎子"中的"虎子"完全不同。
寒山《诗》之二七九:"猕猴罩帽子,学人避风尘。"

(3)用于动物名称后。
《北史·孝行传·张元》:"村陌有狗子为人所弃者,元即收而养之。"
沈约《齐禅林寺尼净秀行状》:"夜即梦见鸦鹊、鸲鹆、雀子各乘车。"

(4)用于植物名称后。
贾思勰《齐民要术·茄子》:"种茄子法:茄子九月熟时,摘取,擘破,水淘子,取沉者,速曝干,裹置。"
段成式《酉阳杂俎·木篇》:"三月开花,白色,花落结实,状如桃子而形偏,故谓之偏桃。"

唐代以后"子"用于各类名称后,且不一定全部用于小称。如"车子"原指驾车的人,"子"在这里有实义,而宋代"车子"为"车"的俗称,如陆游《老学庵笔记》卷二:"成都诸名族妇女,出入皆乘犊车。惟城北郭氏车最鲜华,为一城之冠,谓之'郭家车子'。"

另外,"子"还可以将动词名词化,如和凝《山花子》词:"伴弄红丝蝇拂子,打檀郎。""拂子"即拂尘,是用于掸拭尘埃和驱赶蚊蝇的器具。又如《水浒传》第二十一回:"这边放着个洗手盆、一个刷子,一张金漆桌子上,放一个锡灯台。""刷子"与今天用法无别。又如宋代发行的一种纸币叫"交子",可以兑现,是我国最早的纸币。再如"聋子""疯子""傻子"在近代汉语中已经很常见,这里的"子"既可视作将形容词名词化的词尾,还可以看成是"男子""女子""君子"等用法的继承。

"子"在北方方言中更普遍,南方方言中并不普遍,如广州话只说"颠佬",不说"疯子",只说"铰剪",不说"剪子"。

4."儿"

"儿",繁体作"兒"。《说文解字·儿部》:"兒,孺子也。从儿,象小儿头囟未合。"凡意指婴孩、小儿或遭轻蔑的人等实际意义的"儿"都不能被认为是词尾,如"宁馨儿"(义为"这样的孩子")、"偷儿"(义为"窃贼")、"凤凰儿"(义为"初生的小凤凰")等属于复合结构。

"儿"字用作词尾多伴有小或可爱的意思,这是从婴孩的意义发展而来的。最初多用于动物名、植物名、器物名之后,如:

沈约《领边绣》诗:"紫丝飞凤子,结缕坐花儿。"

寒山《诗》之一五八:"失却斑猫儿,老鼠围饭瓮。"

杜甫《水槛遣心》诗之一:"细雨鱼儿出,微风燕子斜。"

宋元以后"儿"不仅广泛用于各类名词后,还可以作为量词词尾、动词词尾和形容词词尾使用,如:

董解元《西厢记诸宫调》卷四:"碧天涯几缕儿残霞,渐听得珰珰地昏钟儿打。"

赵禹圭《风入松·忆旧》曲:"眼儿里见了心儿里恋,口儿里不敢胡言。"

《西游记》第三十回:"那猪八戒不大老实,他走走儿,骂几声。"

《西游记》第十九回:"贫僧是胎里素,自幼儿不吃荤。"

词尾"儿"在北方方言中十分常见,在南方方言中却跟上古时一样很少使用。词尾"儿"在粤语里不见使用,吴方言则除了个别地方(杭州),一般只用词尾"子",不用"儿"。如苏州只说"桃子",不说"桃儿"。①

5."头"

《说文解字》:"头,首也。"凡未脱离实词义的"头"都不算词尾。如"码头"本写作"马头",指船只停泊处,为车马入船的最前部。《资治通鉴·唐穆宗长庆二年》:"又于黎阳筑马头,为度河之势。"胡三省注:"附河岸筑土植木夹之至水次,以便兵马入船,谓之马头。"可见"码头"与"牛头"相似,均为偏正结构。

词尾的"头"是从表示人体方位的意思逐步虚化而来的,起初多是放在方位词的后面,继而又放在其他名词后,后逐渐成为单纯的名词词尾,如:

刘义庆《世说新语·赏誉》:"三间瓦屋,士龙住东头,士衡住西头。"

《玉台新咏·古乐府〈陌上桑〉》:"东方千余骑,夫婿居上头。"

郦道元《水经注·沔水二》:"水中有物如三四岁小儿,鳞甲如鲮鲤,膝头似虎掌爪。"

寒山《诗》之一三六:"世有一等流,悠悠似木头。"

寒山《诗》之一六九:"狗咬枯骨头,虚自舐唇齿。"

以上所举唐以前的用例中"头"仍暗含"前端"的意思。

宋代以后,"头"的意义更加虚化,可以放在动词和形容词的后面使之名词化,"头"作为词尾的特征更加凸显,如:

---

① 王力.汉语史稿[M].3版.北京:中华书局,2015:224.

《朱子语类》卷三二："圣人说中人以下，不可将那高远底说与他，怕他时下无讨头处。"
《朱子语类》卷二一："众人只是朴实头不欺瞒人，亦谓之忠。"

今天"头"放在动词后面的用法依旧很常见，如"盼头""吃头""说头"，但往往还需要在后面再增加一个词尾"儿"。

上面列举的白话系统中常见的词头、词尾至今仍旧常用。另外还有相当于词尾的构词成分，如"来""自""复""当"等，在中古时期也可构成双音节词，但大多还保留一些实词义，加之它们在近代已经衰落，这里就不再当作词缀加以介绍。

第六节　词汇更替的主要类型

新事物、新概念的产生会导致新词、新义的产生，旧事物、旧概念的消失也会导致旧词、旧义的衰弱或消失。还有一些概念，古今都会用到，然而古今用词却并不一致，这就涉及词汇的更替问题。所谓词汇的更替是指一个词的部分义在后来某个历史时期被另一个词所取代，如"走"代替"行"、"狗"代替"犬"、"哭"代替"泣"、"船"代替"舟"、"攻打"代替"伐"、"护城河"代替"池"等。被替代的词除了一小部分被淘汰之外，主要的去向是成为语素保存在复合词或固定组合中，如"行"可以组成"行走""自行车""飞行"等词，"犬"可以组成"警犬""牧羊犬""猎犬""犬马之劳""犬牙交错"等词或成语。

词汇更替发生的原因有些可以追溯，有些已不可考证。下面结合词汇更替的成因，大致把词汇更替分为三个主要类型。

一、单双音节式更替

某些单音节词后来被双音节词所代替，这符合语音简化、表义明晰化对词汇演变发展的要求。

如"日"被"太阳"代替，"信"被"诚实"代替，"津"被"渡口"代替，"畋"被"打猎"代替等。这些被代替的单音节词没有充当后起的替代双音节词中的语素。

又如"虎"被"老虎"代替，"石"被"石头"代替，"斧"被"斧头"代替，"儿"被"儿子"代替等。这些被代替的单音节词加上词头或词尾就成了后起的替代双音节词。

又如"友"被"朋友"代替，"亡"被"逃亡"代替，"蔬"被"蔬菜"代替，"月"被"月亮"代替等。这些被代替的单音节词配合近义词或类义词就成了后起的替代双音节词。

二、避讳趋雅式更替

在封建时代，普通人都要避君王的名讳。如"雉"被"野鸡"代替，因为汉高祖刘邦的皇后名吕雉。《史记·封禅书》："野鸡夜雊。"裴骃集解引如淳曰："野鸡，雉也。"又如"世"被"代"代替，原先祖至孙称"三世"，唐以后多作"三代"。卢纶《送彭开府往云中觐使君兄》诗："一门三代贵，非是主恩偏。"这里"世"改称"代"据说是为了避讳唐太宗李世民。唐高宗时改"民部"为"户部"，也是为了避其父皇名讳。

对于忌讳的事物，哪怕仅仅谐音，后代用词也容易被替代。如"筷子"原先称作

"箸"。《汉书·周勃传》:"上居禁中,召亚夫赐食。独置大胾,无切肉,又不置箸。"赵翼《陔馀丛考·呼箸为快》:"俗呼箸为快子。陆容《菽园杂记》谓起于吴中。凡舟行讳住讳翻,故呼箸为快子。"后来方言的用法推而广之,现在全民都用"筷子"。

某些被认为是污秽淫秽的词语常常要用一些或雅或隐晦的词语来替代。如"屙尿""拉屎"已经很少使用,多用"小便""大便""解手""方便"代替。甚至这些词也被认为是不雅的,继续换用其他的说法。有的时候不便于换词,变换字音、改换字形也可以达到隐晦的目的,如"尿"字又念作 suī,《说文解字·尾部》:"尿,人小便也。"徐灏笺:"今俗语尿息遗切,读若绥。"

三、同义同类竞争式更替

汉语在发展过程中积累了很多的同义词和同类词,这些词语有的是因为某种社会阶段下对某些概念区分得比较细致;有些是方言词进入通语,正如汉代扬雄《方言》记载的各地方言词;有些是外来词和固有词并用;还有一些是新造词和原生词的并用;另有一些可能只是读音、词形发生了一些变化,原本就是一个词。它们都可以发生词汇的更替,下面略举几例。

(一)总名胜出的更替

古人对各种动物的鸣叫都有专名称之,所谓雉鸣曰"雊",犬鸣曰"吠",虎鸣曰"啸",鹤鸣曰"唳",马鸣曰"嘶",鸟鸣曰"鸣"等,以上诸词除"鸣"字用法较宽仍有使用外,其他用词在口语中多被"叫""鸣叫"所代替。

古代关于酒杯的称呼甚多,如雀形的酒杯叫"爵",圆筒形的酒杯叫"卮",盛满酒的酒杯叫"觞",浅而小的酒杯叫"盏",兽角制成的酒杯叫"觥",大腹深口的叫"杯",后代"杯"的用例更为广泛,今天不论酒杯形制,均可统称"酒杯"。

(二)方言词胜出的更替

"舟"与"船"均见于先秦,然"船"的用例较少,"舟"最为常用。两者恐有方言之别。扬雄《方言》第九:"自关而西谓之船,自关而东或谓之舟。"东汉以后,在口语中,"舟"已被"船"代替,"船"沿用至今,"舟"多作构词语素使用。

"涉""济""过""渡"秦汉时都可以表示渡河,恐有方言差别。扬雄《方言》第七:"过度谓之涉济。""涉"和"济"起初更为通行,如今"过河""渡河"更加常见。

(三)外来词胜出的更替

驿站制度古已有之,本称"驿",今日本、韩国仍称"驿"。"站",也叫"站赤",是蒙古语的音译,元代时通用。《元史·兵志四》:"凡站,陆则以马,以牛,或以驴,或以车,而水则以舟。"明代曾通令"改站为驿","驿""站"都有使用,然百姓已经习惯用"站",口语中最终还是"站"占了上风,代替了"驿"。

外来音译词的引进多伴随新事物新概念的引进,如上面这样代替汉语固有词的情况并不多见。但是近代汉语中音译词和本土的意译词也存在竞争,其结果多数情况是意译词胜出,如"德律风"被"电话"代替,"赛因斯"被"科学"代替。

(四)新造词胜出的更替

汉代之前最主要的蒸煮炊器为"釜",另外还有"锜"。《诗·召南·采蘋》:"于以盛之,维筐及筥。于以湘之,维锜及釜。"朱熹集传:"有足曰锜,无足曰釜。"后代"釜"被"锅"代替。《说郛》卷五八引徐广《孝子传》:"母好食锅底焦饭。"陆龟蒙《奉和袭美茶具十咏·茶灶》:"盈锅玉泉沸,满甑云芽熟。"

思考与训练

1. 谈谈词汇发展和文字发展的关系。
2. 从古至今汉语采用了哪些造词方法?
3. 上古汉语是不是纯粹的单音节语言?请举例说明。
4. 联绵词属于单纯词还是属于合成词?
5. 哪些类型的同族词可以据形系联?
6. 说说词汇意义和词源意义的区别和联系。
7. 什么是同族词?它跟汉语词汇的系统性存在怎样的关系?
8. 汉语词汇的发展有哪些大的发展趋势?
9. 上古文献中有哪些代表性的词头?
10. 汉语文献中有哪些词语中的"子"字不应该视作词尾?
11. 汉语文献中有哪些词语中的"老"字不应该视作词头?
12. 双音节词是怎样产生的?
13. 借助工具书从现代汉语中找出100例近代以前的音译词,并按来源为它们分类。
14. 从你的方言中找出10例仍在使用的古语词,并比较它与普通话用词的区别。

本章主要参考文献

1. 王力.汉语史稿[M].3版.北京:中华书局,2015.
2. 王力.同源字典[M].北京:商务印书馆,1982.
3. 王力.中国语言学史[M].上海:复旦大学出版社,2006.
4. 蒋绍愚.古汉语词汇纲要[M].北京:商务印书馆,2005.
5. 张咏梅,等.汉语简史[M].北京:北京语言大学出版社,2016.
6. 向熹.简明汉语史(修订版)[M].北京:高等教育出版社,2010.
7. 董秀芳.词汇化:汉语双音词的衍生和发展[M].成都:四川民族出版社,2002.
8. 刘正埮,等.汉语外来词词典[M].上海:上海辞书出版社,1984.
9. 方一新.中古近代汉语词汇学[M].北京:商务印书馆,2010.
10. 周荐.20世纪中国词汇学[M].北京:中国人民大学出版社,2008.
11. 殷寄明.汉语同源字词丛考[M].北京:东方出版社,2007.
12. 章季涛.实用同源字典[M].武汉:湖北人民出版社,2000.

13. 张博.汉语同族词的系统性与验证方法[M].北京:商务印书馆,2003.
14. 殷寄明.语源学概论[M].上海:上海教育出版社,2000.
15. 竺家宁.词汇之旅[M].新北:正中书局,2009.
16. 严学宭.论汉语同族词内部屈折的变换模式[J].中国语文,1979(2):85-92.
17. 黄易青.同源词义素分析法[J].古汉语研究,1999(3):31-36.

第四章 汉语语法史知识

第一节 汉语语法史的基础知识

一、语法史的研究对象和基本概念

语法史是研究用词造句历史发展规律的科学。着眼于用词和造句的对立互补,语法的研究一般分为词法和句法。词法的研究主要涉及词类划分、形态变化、虚词功能等,句法的研究主要涉及成分分析、语序变化、搭配规则等。至于词法和句法的具体内容,中外古今各有侧重。如现代汉语以词序和虚词作为表达语法意义的手段,而不论词的形态变化,不讲性、数、格、时、体、态,也没有被动式、比较级等。现代汉语的"了""着""过"和"的""地""得"虽然也可以表示印欧语系中的各类形态意义,但也是以虚词的形式出现的。因此,汉语语法史首先应该是虚词发展的历史,其次才是实词和句法发展的历史。

讨论词法和句法首先应分析出句子成分,这是确定词类和分析词序的基础。在所有语言中,主语和谓语都是最基本的句子成分。有主语一定会有谓语,但有谓语不一定有主语。古汉语省略主语或缺失主语都是极为常见的。主语、谓语又可以由多种下位成分组成,如述语、宾语、定语、状语、补语、中心语、兼语,这七种成分其实是成分的成分。它们相互搭配可以组成上一级句子成分,如述宾、述补、状中等结构可以作谓语,定中结构可以作主语、宾语。

词类的划分首先取决于这个词在句中起什么功能,做什么成分。在句中起主要作用的,即基本结构不可缺少部分的,应该看作实词。如主语和谓语以及它们的下位成分如述语、宾语、中心语等总是由名词、动词、形容词充当的,这三类词是当然的实词;而那些只起语法作用的,总是要依附于某些句子成分,甚至连句子成分都算不上的应该看作虚词。但究竟哪些是虚词,大家还没有一致的看法。介词、连词、语气助词、结构助词、动态助词是虚词,这是没有争论的。然而代词和副词,就有不同意见。还有一些动词中的小类,如助动词、系动词,意义也相对虚化,也被很多人认为是虚词。

本章采用的词类系统为:实词和虚词。实词包括名词(附:方位词、时间词、处所词),形容词(附:非谓形容词、唯谓形容词),动词(附:助动词、趋向动词、系动词),数词(附:序列词)。虚词包括量词,代词(人称代词、指示代词、疑问代词),副词,介词,连词,助词(结构助词、动态助词、语气助词),叹词,拟声词。

本章采用的句类系统以谓语的词性作为分类标准：谓语主要由名词或名词短语充当的叫名词谓语句，谓语主要由形容词或形容词短语充当的叫形容词谓语句，谓语主要由动词或动词短语充当的叫动词谓语句。名词谓语句、形容词谓语句、动词谓语句又被称作判断句、描写句和叙述句。

二、汉语语法发展的趋势

汉语词法的发展主要表现为：①汉语实词句法功能趋于稳定，词类活用现象逐渐减少，词类界限日趋分明；②部分实词虚化为虚词，如名词虚化为词缀和量词，动词虚化为介词、助词、连词；③产生了一些新的词类，如量词、第三人称代词、结构助词、动态助词等；④词头词尾、重叠形式均呈现增多的趋势。上述各类词法的发展并非泾渭分明，如新词类的产生往往伴随着实词的虚化，虚词的发展令词类的界限日趋分明。

汉语句法的发展主要表现为：①基本词序日趋稳定，灵活用法逐渐式微；②句法手段日趋多样，出现"是"字句、"被"字句、"把"字句等新的句式；③句子结构日趋严密，成分省略逐渐减少，句子容量逐步扩大。

词法和句法的关系紧密，它们的发展很难截然分开。如词法上动词的"把"虚化成了介词的"把"，同时句法上介词的"把"将句子的宾语提到动词之前，以表示对宾语做一种处置，这就说明处置句的产生同时涉及词法和句法。

第二节 词类活用的衰减

词类活用是指某些词在一定的语言环境条件下临时改变了词性，承担了其他词类的功能。因为在上古，词类与句子成分往往不是一一对应的，词类的分工并不严格。我们往往把某词改变词性后的低频率的非常规的用法称作词类活用。上古汉语最常见的词类活用有以下四种。

一、名词用作动词

名词在以下六种语言环境中容易用作动词。

（一）副词后的名词用如动词

副词一般放在动词前作状语，如果副词放在名词前，那么，这个名词就具有动词的性质了。如《左传·宣公二年》："晋灵公不君，厚敛以雕墙。""君"本为名词，即"君主"，它前面的副词"不"往往要接动词，所以这里的"君"活用为动词，今译作"行君道"。《史记·项羽本纪》："范增数目项王，举所佩玉玦以示之者三。""目"本为名词，它前面的频率副词"数"修饰动词。所以"目"在这里就具有动词性，今译作"使眼色"。

（二）代词前的名词用如动词

因为代词常常跟在动词后作宾语，它前面的名词就用如动词。如《左传·成公二年》："从左右，皆肘之。""肘"本为名词，即"胳膊肘"，"肘之"今译作"用胳膊肘碰他"。

《左传·哀公四年》:"以两矢门之,众莫敢进。""门"本为名词"大门","门之"今译作"把守大门"。

(三)当名词不在句中作主语和宾语时,它的前后带上介词结构,这个名词可能用如动词

因为介词结构是作动词谓语的状语和补语的,名词的前后带上了介词结构,也就具有动词的词性。如《吕氏春秋·上农》:"后妃率九嫔蚕于郊,桑于公田。""蚕于郊"今译作"在郊外养蚕","桑于公田"今译作"在公田上种植桑树"。

(四)连用的两个名词,其中一个有可能用如动词

连用的两个名词,其中一个有可能用如动词,因为它们可能被分析成动宾关系或主谓关系。如《史记·陈涉世家》:"大楚兴,陈胜王。""陈胜王"可分析为主谓关系,今译作"陈胜称王"。《战国策·魏策》:"决荥泽而水大梁。""水大梁"可分析为动宾关系,今译作"水淹大梁"。

代词又叫代名词,两个代词连用,前面的代词可能用如动词。如《隋书·杨伯丑传》:"征入朝,见公卿,不为礼,无贵贱皆汝之。""皆汝之"今译作"都以'你'相称呼"。

(五)能愿动词后的名词用如动词

因为能愿动词是要带动词性词语作宾语的,所以其后的名词用如动词。如《史记·伯夷列传》:"左右欲兵之。""欲兵"今译作"想对他们动武"。《史记·淮阴侯列传》:"吾亦欲东耳。""欲东"今译作"向东发展"。

(六)连词"而"前后的名词如非宾语和主语则活用为动词

因为连词"而"的前后常接动词、形容词,所以连词"而"前后的名词如非宾语和主语则活用为动词。如《战国策·齐策》:"孟尝君怪其疾也,衣冠而见之。""而"前的"衣冠"今译作"穿好衣服,戴好帽子"。《史记·高祖本纪》:"沛公引军过而西。""而"后的"西"今译作"向西行"。

除了以上六种情况,还有一些罕见的语境中的名词也可活用为动词。如句尾语气词"矣""焉"前面的名词如非宾语则常活用为动词,因为"矣""焉"的前面多为动词谓语。又如结构助词"者"之前、"所"之后的名词也常用如动词,因为结构助词"者""所"常与动词性词语结合构成名词性结构。

以上这些名词活用为动词的条件,还适用于名词的使动用法和意动用法。近代汉语名词性能趋于稳定,主要作主语、宾语、定语,一般不单独作谓语。这些都表明汉语词类的界限趋于分明。

二、动词、形容词、名词的使动用法

现代汉语中名词、形容词、不及物动词一般不接宾语,而上古汉语中不及物动词、及物动词、形容词、名词都可后接宾语,用如使动。所谓使动,就是主语使宾语而动,而不是主语本身发出谓语所表示的动作与行为。

（一）动词的使动用法

不及物动词一般不带宾语，如果带了宾语，往往就是使动用法。如《论语·先进》："求也退，故进之；由也兼人，故退之。""进之"今译作"使他进"，"退之"今译作"使他退"。《左传·隐公元年》："庄公寤生，惊姜氏。""惊姜氏"今译作"使姜氏受到惊吓"。

及物动词在一定的语言环境中也可用作使动，但数量较少。如《孟子·公孙丑下》："武丁朝诸侯。"该句今译作"武丁使诸侯朝见自己"。

上古的使动用法是以动宾的表层形式表达今天兼语式的语义内容。

（二）形容词的使动用法

形容词用如使动是主语使宾语具备这个形容词所表示的性质或状态。如《论语·子路》："'既庶矣，又何加焉？'曰：'富之。'""富之"今译作"使他们变得富足"。《礼记·礼运》："礼义以为纪，以正君臣，以笃父子，以睦兄弟，以和夫妇。"今译作"使君臣关系合乎礼义，使父子关系笃厚，使兄弟和睦，使夫妇和顺"。

今天有些形容词可以带宾语，仍旧是使动用法，如"端正态度""繁荣经济""丰富业余生活"等。

（三）名词的使动用法

名词用如使动是主语使宾语表示的人或物成为这个名词所表示的人或物。如《左传·定公十年》："公若曰：尔欲吴王我乎？"今译作"你想使我成为吴王吗？"。《史记·晋世家》："齐桓公合诸侯而国异姓。""国异姓"今译作"使得异姓保全其国家"。

三、形容词、名词的意动用法

所谓意动用法就是主语在主观上认为宾语怎么样。它和使动用法是有着明显的不同的，最常见的是形容词用如意动。如《孟子·离娄下》："禹、稷当平世，三过其门而不入，孔子贤之。""孔子贤之"今译作"孔子认为他们贤德"。《战国策·齐策一》："吾妻之美我者，私我也。""美我"今译作"认为我美"。

名词的意动用法，即主语在主观意念上认为宾语是这个名词表示的人和物。如《汉书·窦田灌韩传》："太后怒，不食，曰：'我在也，而人皆藉吾弟，令我百岁后，皆鱼肉之乎！'""鱼肉之"今译作"以之（我弟）为鱼肉"。《孟子·尽心下》："诸侯之宝三：土地、人民、政事。宝珠玉者，殃必及身。""宝珠玉"今译作"以珠玉为宝"。

四、名词用作状语

今天很多表时间的名词仍旧可以作状语，类似于副词。这种用法脱胎于上古，如《论语·学而》："吾日三省吾身。"今译作"我每天反省自身"。《史记·平津侯主父列传》："夫匈奴之性，兽聚而鸟散，从之如搏影。""鸟散"今译作"像鸟一样散去"。《战国策·秦策一》："嫂蛇行匍伏，四拜自跪而谢。""蛇行"今译作"像蛇一样在地上匍匐"。

古代有些名词用作状语的结构以复合词和成语的形式仍旧活跃在现代汉语中，如"蚕食""瓦解""狼吞虎咽""管窥蠡测""日积月累""左顾右盼"等。

第三节　实词的虚化

实词虚化通常指某个实词或因句法位置、组合功能的变化而造成词义演变,或因词义的变化而引起句法位置、组合功能的改变,最终失去原来的词汇意义,在语句中只具有某种语法意义,变成了虚词。① 虚化有程度的差别,不仅实词变成虚词是虚化,而且实词变成相对虚化的实词、虚词变为更虚的词缀或虚语素,也都是虚化。有些虚词虽然已经虚化,但或多或少还保留一些实词的意义。

西方语言学经常使用语法化的概念来讨论实词虚化的现象,但语法化的概念更加宽泛,不仅讨论词义由实到虚的变化,还讨论各种新的语法结构、语法范畴的产生,这里暂时只讨论汉语词法中的实词虚化现象。

从来源来看,汉语的虚词多数是由动词、形容词虚化而来的。从句法来看,处在主谓宾位置上的词不太容易发生虚化,进入状语和补语位置上的词更容易发生虚化。从虚化的结果来看,实词虚化产生虚词义后其实词义往往并未消失,还在一定范围内继续使用。

一、动词虚化为动态助词

现代汉语"了""着""过"主要用于动词后,表达时体的语法意义,它们都从动词虚化而来,都经历了"连动式中的后一个动词→结果补语→动态助词"的虚化过程。

(一)动词"了"虚化为动态助词"了"

动态助词"了"由表"终了""了结"义的动词"了"虚化而来。该动词"了"在汉代就已经出现,是不及物动词,用在连动结构中。如王褒《僮约》:"晨起早扫,食了洗涤。""食了"义为"吃饭结束",为"动词+了"的结构。《三国志·蜀书·杨洪传》:"公留我了矣,明府不能止。""留我了"义为"留我做官已经确定好了",为动词+宾语+了的结构。

南北朝至唐初,在上述动词+宾语+了的结构和动词+了的结构中,"了"仍是动词,表完成,充当补语。

晚唐五代,由于受原先"得""却"等词的影响,产生动词+了+宾语的结构,"了"因此虚化为动态助词。如李白《悲歌行》:"汉帝不忆李将军,楚王放却屈大夫。"白居易《答谢家最小偏怜女》:"嫁得梁鸿六七年,耽书爱酒日高眠。"《敦煌变文集·难陀出家缘起》:"各请万寿暂起去,见了师兄便入来。"

上面动词+了+宾语的结构里的"了"跟"却"非常相似,都具有很强的依附性,已经虚化为动态助词。宋代,"了"进一步替代"却",甚至出现新的动补+了+宾语的结构。如毛滂《惜分飞》:"恰则心头托托地。放下了日多紫系。""放下了"的"了"虚化程度更高,说明此时"了"作为动态助词已经非常稳定了。

语气助词"了"是动态助词"了"进一步虚化的结果。两者后来可以一起使用,宾语

---

① 刘坚,曹广顺,吴福祥.论诱发汉语词汇语法化的若干因素[J].中国语文,1995(3):163.

前面的"了"是动态助词,表示动作的完成,宾语后面的"了"是句末语气助词,表示肯定和确实无疑的语气。

(二)动词"着"虚化为动态助词"着"

"着"本作"著",除了"著述""显著"义,还有"穿着""附着"义,为了区别,后面两个意义后写作"着"。动态助词"着"由表"附着"义的动词"着"虚化而来。后例中单用的动词"着"便为"附着"义,《左传·庄公二十二年》:"风行而着于土。"

汉代"着"可以跟在动词后形成连动结构,仍为表示"附着"义的动词,如《论衡·书解篇》:"盖人思有所倚着,则精有所尽索。"

当其附于动词之后作趋向补语时开始虚化。如《世说新语·德行》:"文若亦小,坐着膝前。""坐着膝前"义为"坐在膝前"。《世说新语·文学》:"尝使一婢不称旨,将挞之,方自陈说。玄怒,使人曳着泥中。""曳着泥中"义为"拖到泥中"。多数学者认为动词＋着＋处所名词的结构对动态助词"着"的产生影响巨大。这两例中"着"的意义和作用分别类似介词"在"和"到",其中"坐"为表示持续的动词,"曳"为表非持续的动词。

非持续的动词＋着的结构后来可以接普通名词,"着"不再进一步虚化,今天念作zháo,为作结果补语的动词。

持续的动词或状态动词＋着的结构后来可以接普通名词,"着"进一步虚化,变成表持续或进行的动态助词"着"。如《朱子语类》卷九:"只守着一些地,做得甚事?"《朱子语类辑略》卷七:"擂着鼓,只是向前去。"

(三)动词"过"虚化为动态助词"过"

"过"本为独立动词,有"经过""渡过"义,如《论语·宪问》:"子击磬于卫。有荷蒉而过孔氏之门者。"

南北朝时期这类"过"开始成为趋向动词,位于位移动词之后,如《世说新语·任诞》:"自送过浙江,寄山阴魏家,得免。"

从唐代开始,"过"可以位于非位移动词之后,逐步虚化为表示完成的动态助词。如《敦煌变文集·庐山远公话》:"贱奴念得一部十二卷,昨夜总念过。"《朱子语类》卷十九:"今人将孔孟之言都只恁地草率看过了。"

二、动词虚化为介词或连词

王力先生指出,大多数介词、连词都由动词虚化而来,有些虚化的过程在先秦时代就已经完成。[①]

(一)动词"为"虚化为介词和连词

"为"(繁体为"為")本是泛义动词,《说文解字》错误地解释其字本义为"母猴也",罗振玉在《殷墟书契考释》中据金文和石鼓文的"为",纠正了许慎的这一错误,认为"为"从爪从象,是古人役使大象劳作的场景。[②] 作为泛义动词,"为"除了常常译作"做"和"干"

[①] 王力.汉语语法史[M].北京:商务印书馆,1989:149.
[②] 罗振玉.殷虚书契考释三种[M].北京:中华书局,2006:210.

外,还有"帮助"的意义,如《史记·吕后本纪》:"为吕氏右袒,为刘氏左袒。"《史记·淮阴侯列传》:"足下为汉则汉胜,与楚则楚胜。"

在连动结构中,动词"帮助"义和介词"给"义皆通,如《孟子·离娄上》:"为汤武驱民者,桀与纣也。"《论语·先进》:"季氏富于周公,而求也为之聚敛而附益之。"

在上述句法结构中动词"为"虚化为介词"为",后接表示动作收益的对象,相当于"给""替"。其后"为"进一步虚化,可以表示动作的目的、原因以及对象,如《与元九书》:"始知文章合为时而著,诗歌合为事而作。"《荀子·天论》:"天行有常,不为尧存,不为桀亡。"《桃花源记》:"不足为外人道也。"

介词"为"尚有一定词汇意义,进一步虚化则为连词"为",表示假设,相当于"如果"。如《韩非子·内储说下》:"王甚喜人之掩口也。为近王,必掩口。"

(二)动词"以"虚化为介词和连词

"以"字本是动词。《说文解字》:"以,用也。"先秦文献中有少量单用的谓语动词"以",如《尚书·立政》:"继自今立政,其勿以憸人。""以憸人"即"任用奸佞之人"。《论语·宪问》:"桓公九合诸侯,不以兵车,管仲之力也。""以兵车"即"使用武力"。

郭锡良先生认为,在甲骨文时代连动结构中"以"字仍是动词,多是"带领"或"进献"的意思,这类用法正是"以"字由动词虚化为介词的契机之一。①

后来"以"的介词用法仍保有很多动词的特征,如《左传·僖公五年》:"宫之奇以其族行。""以其族行"可译为"带着族人离开",亦可译为"率领族人离开"。《左传·僖公二十三年》:"(重耳)醒,以戈逐子犯。""以戈逐子犯"可译为"用戈追打子犯",亦可译为"拿起戈追打子犯"。

先秦两汉"以"的介词用法多种多样,后可接动作的方式、工具、原因、时间、处所等,如《论语·颜渊》:"君子以文会友,以友辅仁。"《淮南子·兵略训》:"若以水灭火,以汤沃雪。"《汉书·张骞传》:"骞以郎应募,使月氏。"《左传·成公二年》:"若之何其以病败君之大事也?"《荀子·劝学》:"以羽为巢,而编之以发。"《论语·公冶长》:"敏而好学,不耻下问,是以谓之文也。""是以"为宾语前置。《庄子·逍遥游》:"或以封,或不免于洴澼絖。""以封"即"以之封",省略了宾语。《论语·泰伯》:"曾子曰:'以能问于不能,以多问于寡。'""以能""以多"的宾语皆谓词。

如前例,介词"以"的宾语既可以前置,又可以省略。另外,宾语还可以用谓词充当,因而使"以"具备了进一步虚化为连词的条件。后例中用介词"以"和连词"以"理解都可以,如《论语·季氏》:"隐居以求其志,行义以达其道。"亦可理解为"以隐居求其志,以行义达其道"。

这种连接目的语的连词"以"产生后,类推扩展,连结两个动词性的词语或分句的连词的用法就会稳定下来。

如上,介词、连词从动词虚化而来者甚多,如用于被动式的介词"被"由表示"遭受"义的动词"被"虚化而来;假设连词"使"由表示"使令"义的动词"使"虚化而来;用于处置式的介词"将""把"也均由动词虚化而来。虚化本身还有层次、有阶段,有些发生虚化的词语可能还另有来源,如介词"朝"由表"朝向"义的动词"朝"虚化而来,而动词"朝"则由

---

① 郭锡良.介词"以"的起源和发展古汉语研究[J],1998(1):2.

表示"早晨"的名词虚化而来；介词"向"由表"朝向"义的动词"向"虚化而来，而动词"向"则由表示"朝北的窗"的名词虚化而来；并列连词"与"和"及"由伴随介词"与"和"及"虚化而来，而介词"与"和"及"又由动词虚化而来。

三、动词虚化为副词

(一)动词"务"虚化为副词

"务"本为动词。段玉裁《说文解字注》："务者，言其促疾于事也。""务"的本义为尽力从事于某事，后面可以直接接名词宾语或代词宾语。如《管子·牧民》："不务地利，则仓廪不盈。""地利"为名词宾语。《礼记·射义》："故事之尽礼乐而可数为以立德行者，莫若射，故圣王务焉。""焉"为代词宾语。

上面两例中的"务"皆作动词谓语，有时"务"既可以用在动词谓语前作状语，又可以作为动词谓语后接名词宾语。如《尚书·泰誓下》："树德务滋，除恶务本。"该句可译作"培养美德务必要使美德滋长，除去恶行务必要去其根本"。

上例中用了两个"务"，作用应该相同，然而后面所接成分既似宾语，又似动词谓语，说明动词"务"已经在虚化为副词的过程中。

后来"务"作状语的用例更为典型，如《史记·张仪列传》："欲富国者，务广其地；欲强兵者，务富其民；欲王者，务博其德。"

"务"后接了三个使动性质的动宾短语，是真正的副词，三个"务"均可译作"务必""一定要"。

(二)动词"既"虚化为副词

"既"本为动词，有"尽了""完了"等义。如《庄子·应帝王》："吾与汝既其文，未既其实。"成玄英疏："既，尽也。""既其文"，即穷尽了表面智慧，为动宾结构。

当"既"用于谓语前充当状语，表示动作行为或状况已经出现或者已经完结，原先的动词"既"已经虚化为副词，可译作"已经""完全"。如《诗·郑风·风雨》："既见君子，云胡不喜。""既见"译作"已经见到"。《左传·僖公二十二年》："宋人既成列，楚人未既济。"该句译作"宋人已经排成行列，楚人还没有全部渡水"。

动词"既"常用于句尾表示动作完结，相对于后一例句，前一例句中的"既"表示时间过去不久，所以动词"既"很容易引申出"不久"的副词义，如《荀子·强国》："既，楚发其赏。"梁启雄释："既，旋，不久之后。"

从动词虚化而来的副词甚多，如表示"马疾走"的动词"骤"引申出形容词"骤"的意思，表示"急速而猛"，形容词"骤"后又虚化为表示"突然"义的副词"骤"；表示"水流汇聚"的动词"都"(念 dū)，亦可泛指"汇聚"，后虚化为范围副词"都"(念 dōu)；"益"是"溢"的古字，本为动词，其本义是"水漫出器皿"，后虚化为表示"更加"义的副词"益"；表示"死亡"的动词"殊"一方面虚化为表示"更加"义的副词"殊"，另一方面又虚化为表示"渐渐"义的副词"殊"。

四、形容词虚化为副词、介词、连词

(一)形容词"和"虚化为副词、介词和连词

"和"字本是形容词,又写作"龢",有"和谐""协调""和睦"等义,如《礼记·乐记》:"其声和以柔。"该句"和"有"和谐"之义。《孟子·公孙丑下》:"天时不如地利,地利不如人和。"该句"和"有"和睦"之义。

"和"用在动词前表示在协调顺从的条件下实施某一动作行为,此时已从形容词"和"虚化为了副词"和"[①],如《史记·卫康叔世家》:"康叔之国,既以此命,能和集其民,民大说。""和集"为状中结构。

用作形容词的"和"往往有使动用法,有"使和睦""使融洽""使协调"之义。如《尚书·周官》:"宗伯掌邦礼,治神人,和上下。"《左传·隐公四年》:"臣闻以德和民,不闻以乱。"

"和"因为用于使动,后面可以接名词宾语,逐步虚化为介词和连词,同样接名词。大约在唐代,"和"就被用作介词。如杜荀鹤《山中寡妇》:"时挑野菜和根煮,旋斫生柴带叶烧。"该句"和"有"连带"之义,"和根煮"即野菜连带菜根一起煮。今天"和衣而卧"的"和",其用法同此例。

介词"和"很自然地发展出连词"和",有些用例中的"和"甚至介于"介词"和"连词"之间,如白居易《隋堤柳》:"二百年来汴河路,沙草和烟朝复暮。""沙草"与"烟"在此例中是否并列恐怕是两可,下例"和""与"对举,这里的"和"才是真正的连词,如岳飞《满江红》:"三十功名尘与土,八千里路云和月。"

(二)形容词"白"虚化为副词

"白"本指像霜雪一样的颜色。先秦就常用于名词前形容其颜色,《诗经》中有"白鸟""白茅""白牡"等用法。

"白色"即没有颜色,"白"在"没有"这个义素上获得独立地位,成为单独的义位,广泛应用到其他各个领域,如古代平民穿的不施彩的衣服叫"白衣";没有功名和官职的人就是"白丁"或"白身";没有功名的读书人住的屋子叫"白屋";犯流罪而没有刺面叫"白面";没有写出答案的考卷叫"白卷";没有凭借地打即徒手相搏击叫"白打"。这些作形容词的"白",其中心义素都是"没有",它们共同构成一个抽象、不太实在的义位,根据其出现的语境,我们可将其理解为"空白""没有官职""无代价""无根据"等意义。毋庸置疑,这个义位的动作性和状态性都不强,所以它可以进一步抽象,最终在唐代以后虚化为一个副词,从形容词中分离出来。"白"发生虚化后,就不再仅仅修饰具体事物,而是可以进一步修饰具体的行为动作,出现在动词前作状语。其用法主要可以分为"徒然""徒劳地"和"平白""无偿地"两个义项,均指付出代价没有收益。[②] 如《西厢记诸宫调》:

[①] 中国社会科学院语言研究所古代汉语研究室.古代汉语虚词词典[M].北京:商务印书馆,1999:219.

[②] 张谊生.近代汉语情态化副词"白"再议——兼论副词"白"的虚化方式和内部差异及联系[J].乐山师范学院学报,2003(1):10.

"料来必定是些儿闲气,白瘦得个清秀脸儿不戏。""白瘦"即徒然变得清瘦。欧阳修《乞放行牛皮胶鳔》:"更不支得价钱,令人户白纳。"该句译为"又不支付钱,让民户无偿地交纳牛皮胶"。

(三)形容词"真"虚化为副词

《玉篇》:"真,不虚假也。""真"常用作形容词谓语,前面可接程度副词,如《老子》:"其中有精,其精甚真。"又可以作定语,置于名词前,如《吕氏春秋·疑似》:"明旦之市而醉,其真子恐其父之不能反也。"

"真"的副词用法由"不虚假"义引申而来。先秦时已见副词"真"可以用于各类谓语前作状语,表示强调或确认。句法位置的变化进一步促使形容词"真"虚化为副词"真"。如《荀子·非十二子》:"此真先君子之言也。""真"用于名词谓语前作状语。《吕氏春秋·疑似》:"至于后戎寇真至,幽王击鼓,诸侯兵不至。""真"用在动词谓语前作状语。

(四)形容词"诚"虚化为副词、连词

《说文解字》:"诚,信也。""诚"本是形容词,义为"诚实、真诚、忠诚",可以直接作形容词谓语,如《礼记·大学》:"知至而后意诚,意诚而后心正。""意诚"义为"意念诚实"。

用作形容词的"诚"很容易引申出"真正、确实"之义,并常用为状语,如《孟子·梁惠王上》:"挟太山以超北海,语人曰:'我不能',是诚不能也。""诚不能"即"确实不能做到"。《史记·廉颇蔺相如列传》:"臣诚恐见欺于王而负赵。""诚恐"即"实在是担心"。

由于常用作状语,"诚"逐步获得了副词的性质,并进一步虚化为连词。连词"诚"主要用于复合句的前一句,表示强调设想的情况的确属实,可译作"如果""如果确实"等,如《战国策·赵策三》:"赵诚发使尊秦昭王为帝,秦必喜,罢兵去。""诚发使"即"如果派出使者"。

"诚……则"可以连用,成为连接假设复句的固定结构,可以译作"如果真的……那么",如《战国策·楚策一》:"大王诚能听臣之愚计,则韩、魏、齐、燕、赵、卫之妙音美人,必充后宫矣。"

五、名词虚化为副词

(一)名词"顶"虚化为副词

"顶"的本义为"人头的最上端",引申为物的最上部,如《淮南子·修务训》:"今不称九天之顶,则言黄泉之底,是两末之端议,何可以公论乎!""顶"和"底"正好对举。

由"最上部"自然可以引申出程度高的意思,译作"最""极"等,成为程度副词"顶"。该意义的用例最初出现在南宋,如《朱子语类》卷二:"圆图说得顶好。"

(二)名词"毕"虚化为副词

"毕"的古文字为象形字,其本义是"田猎之网",即抓捕鸟兽的长柄网。如《庄子·胠箧》:"夫弓弩毕弋机变之知多,则鸟乱于上矣。""弓、弩、毕、弋"为并列的打猎工具。

"毕"亦有动词义,《诗·小雅·鸳鸯》:"鸳鸯于飞,毕之罗之。"孔颖达疏:"罗则张以待鸟,毕则执以掩物。"相对于"罗","毕"更像是捕捉到鸟兽后收网时的动作。"毕"因此引申出"完结""终止""竭尽"等动词义。如《孟子·滕文公上》:"公事毕而后敢治私事。"

"完结""竭尽"等动词义很容易就虚化为副词"毕",表示范围之全,译作"全""都""全都""完全"等。如《史记·秦始皇本纪》:"皇帝并宇,兼听万事,远近毕清。"王羲之《兰亭集序》:"群贤毕至,少长咸集。"

(三)名词"遽"虚化为副词

"遽"的本义是"传车""驿马",即"传信的快车"。如《左传·僖公三十三年》:"且使遽告于郑。"《左传·昭公二年》:"乘遽而至。"由本义可以很自然引申出"急速""立刻""很快"等义,"遽"用作谓语时为形容词,用在动词谓语前作状语时为副词。副词的用例,如《庄子·天地》:"遽取火而视之。""遽取火"今译作"赶快取火来"。《史记·魏世家》:"于是秦昭王遽为发兵救魏。""遽为发兵"今译作"马上发兵"。

以上仅是实词虚化的主要类别,另外还有名词虚化为词头、词尾的,如"头""儿""子"等;动词虚化为量词的,如"张""秉"等;名词虚化为量词的,如"条""枚"等;代词虚化为副词的,如"或""莫"等;代词虚化为词尾的,如"然""尔"等;连词虚化为词头、词尾的,如"而""以"等;甚至还有代词"是"虚化为系动词"是",进而又虚化为连词或副词的构词语素"是",诸如"可是、倒是、总是、但是"等。

第四节　虚词的兴替

虚词的兴替即新虚词的诞生和旧虚词的消亡。本节所指的虚词是广义而宽泛的虚词,如代词、量词、副词似乎意义都很实在,但相对于名词、动词、形容词而言仍旧是比较抽象的,这里也姑且当作虚词进行讨论。

一、新词类的产生

古今词类基本一致,从无到有的新词类,主要是量词、第三人称代词以及部分助词的小类。

(一)量词的发展和演变

汉语量词分为名量词和动量词。上古汉语只有名量词,还没有发展出动量词。

1. 名量词的发展

天然的个体量词(如"枚""个")作为典型的名量词起初并不发达,相反表示度量衡的度量词(如"寸""钧")、表示容量的容器量词(如"卣""箪")和表示集合概念的集合量词(如"户""乘")更为常见。有些学者认为将这三类名量词定义为量词是很牵强的,它们只能算是比较特殊的名词。

总体而言,名量词的运用在上古前期运用得并不普遍,用数词+量词+名词的结构表达数量关系并不常见,表达数量关系主要采用以下几种结构。

(1)名词＋数词＋名词,不用量词。

西周《小盂鼎》:"孚牛三百五十五牛,羊卅八羊。"

(2)名词＋数词,不用量词。

《左传·哀公十五年》:"齐为卫故,伐晋冠氏,丧车五百。"

(3)数词＋名词,不用量词。

《荀子·劝学》:"蟹六跪而二螯。"

(也有使用量词表达的,如以下两种类型。)

(4)(名词)＋数词＋量词。

《左传·定公五年》:"秦子蒲、子虎帅车五百乘以救楚。"《左传·宣公二年》:"臣侍君宴,过三爵,非礼也。"

(5)数词＋量词＋名词。

《论语·雍也》:"一箪食,一瓢饮,在陋巷,人不堪其忧,回也不改其乐。"

上面"五百乘""三爵""一箪食""一瓢饮"中的量词都有很浓厚的名词色彩,且保有稳定的名词用法,说明这时的名量词还没有从名词中完全独立出来。

汉代以降,历代皆有名量词大量产生,原有量词或扩大其用法或缩小其用途,更多的量词置于中心名词之前,然而直到近代汉语,数词＋量词＋名词的结构才真正取得优势的地位。

多数名量词都是由普通名词(少数为动词)发展而来,称量哪类名词是由其本来的意义决定的。量词实际上也是在利用它的本义在给中心名词分类。下面我们简析一些常用量词的词源义。

"条"的本义是"树枝",所以用于计量长形的事物;"张"的本义是"开弓",引申为弓的量词,所以用于计量可张开的事物;"把"的本义是"握、持",所以用于计量有把有柄、可拿的事物;"节"的本义是"竹节",所以用于计量独自成段的事物;"双"(繁体为"雙")的本义为"禽鸟两只",所以用于计量有成双现象的事物;"粒"的本义为"米粒",所以用于计量颗粒状的事物;"片"本义是"将树木劈成两半",所以用于计量扁而薄的事物;"颗"本义是"小头",引申指颗粒状物,所以用于计量块状物体还有各种植物的种子或果实;"盏"本指"浅而小的杯子",很自然可以作酒、茶的计量单位,然而还可用来称量灯,应该是由于古代使用油灯时要用到这种浅而小的杯子。

还有一些用得十分广泛的量词并不能如上面这些量词一样,有着相对明确的理据。如"枚"字的本义是"树干",《诗·周南·汝坟》:"遵彼汝坟,伐其条枚。"毛传:"枝曰条,干曰枚。"然而文献中并没有树一棵为一枚的例子,相反却有"玉百枚""黄布绔一枚""刀剑数千枚""鸟一枚"等万能用例,几乎与今天的万能量词"个"相当。"枚"的使用范围为何会扩大,扩大过程又发生了怎样的心理联想,今天已经很难推究了。

2.动量词的发展

汉代以前汉语不用动量词,要表示行为的数量,主要是把数词直接放在动词的前面作状语,如《孟子·滕文公下》:"三咽,然后耳有闻,目有见。""三咽"即吞咽了三次。偶尔也会把数词放在动词后面作补语,如《睡虎地秦墓竹简·法律答问》:"未论而自出,当笞五十。""笞五十"即鞭笞五十下。少量动量词用例出现在汉代,如桓谭《新论》:"我躬自写,乃当十遍读。"《道行般若经》卷十:"佛以手抚阿难肩三反。"

这两例中,"十遍读"中的"遍"似乎还有"普遍""全部"之义,"三反"中的"反"似乎还有"重复"之义,作为量词并不典型。

典型的动量词大量产生于魏晋以后,其结构主要有两种。

(1)动词(+宾语)+数词+动量词。

曹操《短歌行》:"绕树三匝,何枝可依?"

康僧会译《六度集经》卷二:"婿即向日,妻佯绕之数周,推落山下。"

葛洪《抱朴子·祛惑》:"又教之但读千遍,自得其意。"

车永《答陆士龙书》:"辄于母前伏诵三周。"

刘义庆《世说新语·文学》:"因示语攻难数十番。"

萧子显《南齐书·张敬儿传》:"冲突贼军数十合。"

孟郊《寒地百姓吟》:"华膏隔仙罗,虚绕千万遭。"

白居易《论姚文秀打杀妻状》:"宜依白居易状,委所在决重杖一顿处死。"

上面"匝""遍""周""番""合""遭""顿"等动量词在与数词结合后,都位于动词后,这是古今使用动量词最为普遍的结构。下面第二种结构则相对较少。

(2)数词+动量词+动词。

僧慧皎《高僧传》卷二:"夜有盗之者,数过提举,竟不能动。"

《摩诃僧祇律》:"水七遍净淘,置净器中。"

多数动量词都是由动词虚化引申而来,最初用作量词时都与其动词意义有一定的关系,后语义范围扩大,会扩展到表示一般动作的次数。如"周"有"环绕"之义,故而用"周"表示动作的圈数,上例中"妻佯绕之数周"即是如此,后来"周"还可以表示"诵读"的次数。又如"下"原来表示"打击""叩击"等向下之类动作的次数,后来则扩展到表达一般行为动作的次数,特别是表达一些瞬间的动量关系。

(二)第三人称代词的发展和演变

上古汉语第一人称和第二人称的代词已经比较丰富,第一人称有"我、余、朕、吾、卬、台、予"等,第二人称有"尔、女、乃、而、戎、若"等。今天最常用的"我"和"你"实则都孕育于上古。大多数学者都认为"你"应该就是古代"尔"在口语中的保留。

作主语的第三人称代词,上古原来是没有的,今天最常用的第三人称代词"他"也是中古以后才产生的。

上古文献中要表达第三人称的意思时,只能临时借用指示代词"其""之""厥""彼"来表达,但主要作为宾语、定语出现,甚少有用作主语的例子,如以下所举例子。

《国语·越语》:"丈夫二十不取,其父母有罪。""其父母"即他的父母,"其"作定语,表领属关系。

《孟子·告子下》:"其为人也好善。""其为人也"即他的为人,"其"仍应视作定语。

《左传·隐公元年》:"爱共叔段,欲立之。""立之"即立他为继任国君,"之"作宾语,指代"共叔段"。

《诗·大雅·文王》:"无念尔祖,聿修厥德。""厥德"即"他的德行","厥"作定语。

《孟子·滕文公上》:"彼,丈夫也;我,丈夫也;吾何畏彼哉?"前一"彼"作主语,后一"彼"作宾语。

不能就此认为"其""之""彼""厥"就是第三人称代词,因为它们主要还是作指示代词用,有些还可以指代其他人称,如《左传·宣公二年》:"谏而不入,则莫之继也。会请先。不入,则子继之。""子继之"译作"你跟随我",这里的"之"可译作第一人称。《史记·孙子吴起列传》:"王徒好其言,不能用其实。""其言""其实"的"其"都可以译作"我"。

上古虽然也有"他"(亦作"它""佗"),但并非第三人称代词,而是旁指代词,可译作"别的""其他""别人"等,既可指人,又可指物,如《诗·郑风·褰裳》:"子不我思,岂无他人。""岂无他人"即"难道没有别的人"。《孟子·梁惠王下》:"王顾左右而言他"。"言他"即"谈论别的事情"。

当泛指"他人、别人"的"他",或用于指点已经说起过的一个人,或用于指点就在眼前的一个人时,"他"很容易转变为第三人称代词"他",①如《百喻经》卷一:"往有商人,贷他半钱,久不得偿。""他"指代前面提到的"商人"。《搜神记》卷三:"北边坐者忽见颜在,叱曰:'何故在此?'颜惟拜之。南面坐者语曰:'适来饮他酒脯,宁无情乎?'""南面坐者"对"北边坐者"谈论的"他"就是两人面前的"颜惟"。

唐代以后,"他"才普遍作为第三人称代词出现,但在口语中可能更早出现。如高适《渔父歌》:"曲岸深潭一山叟,驻眼看钩不移手。世人欲得知姓名,良久问他不开口。"

除此之外,动态助词"了、着、过"和事态助词"了、来、去"也是近代才逐渐兴起的新词类,后面还会谈到。

二、双音节虚词的兴起和发展

汉语词汇的发展总趋势是单音节词向双音节词的发展,汉语虚词也有向双音节化发展的趋势。上古前半期双音节虚词已经为数不少,但使用频率低、凝固性差,且保有临时短语的特征,战国以降双音节虚词发展迅速,原有双音节语法结构使用频率大增,新的双音节虚词层出不穷,沿用至今者也为数不少。其类型主要有以下五种。

(一)由同义或近义虚词并列构成双音节虚词

方且:"方"和"且"都有"将要"的意思。《诗·秦风·小戎》:"方何为期,胡然我念之?"马瑞辰通释:"方之言将也。"《诗·齐风·鸡鸣》:"会且归矣,无庶予子憎!""会且归矣"即朝会的官员将要归去了。"方"与"且"连用,仍表示"将会""将要"。如《庄子·天地》:"与之配天乎?彼且乘人而无天。方且本身而异形,方且尊知而火驰,方且为绪使,方且为物绞,方且四顾而物应,方且应众宜,方且与物化而未始有恒。"陆德明释:"凡言方且者,言方将有所为也。"

假如:"假"和"如"都有"如果""假如"的意思。如刘向《新序·杂事四》:"田子方虽贤人,然而非有土之君也,君常与之齐礼,假有贤于子方者,君又何以加之?""假有贤于子方者"即"假如有人比子方还贤德"。《诗·秦风·黄鸟》:"如可赎兮,人百其身。""如可赎兮"即"如果可以赎回的话"。"假"与"如"连用,仍表示"假如""如果"。如荀悦《汉纪·成帝纪一》:"假如单于初立,欲委身中国,未知利害,使人诈降,以卜吉凶,如受之,亏德沮善。"

尚犹:"尚"和"犹"都有"还""依旧"的意思。如《孟子·滕文公上》:"今吾尚病,病愈,我且往见。""尚病"即"还在生病"。《诗·卫风·氓》:"士之耽兮,犹可说也。""犹可说"即"还可以脱身"。"尚"与"犹"连用,仍表示"还""依旧"的意思。如《战国策·秦策

---

① 吕叔湘.近代汉语指代词[M].江蓝生,补.上海:学林出版社,1985:8.

三》:"天下之王尚犹尊之,是天下之王不如郑贾之智也。""尚犹尊之"即"还照样尊敬他"。"尚犹"还可用于复句的前一句,表示让步,可译作"尚且",其后一句多用反问表示进一步的推论。如《淮南子·齐俗训》:"见邻国之人溺,尚犹哀之,又况亲戚乎?""尚犹哀之"即尚且同情相助。

(二)由单音节虚词或实词重叠构成双音节虚词

常常:"常"有经常、常常之义。如《庄子·天地》:"三患莫至,身常无殃,则何辱之有。"《史记·淮阴侯列传》:"信知汉王畏恶其能,常称病不朝从。"重叠后语义程度减轻。如《孟子·万章上》:"欲常常而见之,故源源而来。"韩愈《祭十二郎文》:"是疾也,江南之人,常常有之。"

仅仅:"仅"有才、只、仅仅之义。如《国语·周语中》:"今天降祸灾于周室,余一人仅亦守府。"重叠后语义程度加重。如吴元泰《东游记》第十六回:"可以身游紫府,可以名书玉册,岂曰仅仅养生已哉。"纪昀《阅微草堂笔记·姑妄听之》:"外家亦仅仅温饱,屋宇无多。"

斤斤:"斤"为重量单位。"斤斤"义为过分着意。如李清照《〈金石录〉后序》:"抑亦死者有知,犹斤斤爱惜,不肯留在人间耶?"王夫之《读通鉴论·汉高帝》:"天子而斤斤然以积聚贻子孙,则贫必在国。"钱泳《履园丛话·杂记上·算尽锱铢》:"苏州人奢华靡丽,宁费数万钱为一日之欢,而与肩挑贸易之辈,必斤斤较量,算尽锱铢。"

(三)由介词、连词、助词等的常用句法结构构成双音节虚词

于是:"于是"原是一个介宾结构,可以放在谓语之前作状语,或放在谓语之后作补语。由于"是"的多义性,"于是"可以表达多个意思,如"在这个时候""在这方面""在这件事情上""在这个地方"等。如《谷梁传·僖公三十三年》:"我将尸女于是。""尸女于是"即在这个地方为你收尸。柳宗元《捕蛇者说》:"吾祖死于是,吾父死于是。""死于是"即死在这个事情上。表承接的连词"于是"是从"在这个时候"的意义逐步虚化而来的,一般用在句子开头,连接后一句与前一句,或后一段与前一段,表示承接或因果关系,和现代汉语"于是"的用法相同。如《史记·郑世家》:"郑入滑,滑听命。已而,反与卫。于是郑伐滑。""郑伐滑"为结果,"于是"之前的"滑……反与卫"为原因。

虽然:"虽"原是一个连词,表示让步、假设关系,相当于今天的"虽然""即使"。如《孟子·梁惠王上》:"我虽不敏,请尝试之。"先秦"虽然"已经连用,却不等于现代汉语的"虽然"。"然"在这里是一个表指代的实词,当"这样"讲。"虽然"合用,可以单独作谓语,可用现代汉语的"即使这样""虽然如此"去翻译。例如《孟子·滕文公上》:"滕君,则诚贤君也。虽然,未闻道也。""虽然,未闻道也"译作"(滕君)虽然这般贤德,却未曾听到真理"。后来"然"的代词义慢慢消失了,"虽然"的后面还可以接谓语成分,就虚化成了连词"虽然",如于鹄《题邻居》:"虽然在城市,还得似樵渔。"

所以:"所"是结构助词,常用于动词、介词前,组成名词性的词组。"所以"原为名词性结构,表示原因、情由。如《文子·自然》:"天下有始主莫知其理,唯圣人能知所以。""所以"还可与形容词或动词组成更复杂的名词性词组,常常用作谓语动词的宾语,仍表示原因、情由。如《庄子·天运》:"彼知颦美,而不知颦之所以美。""颦之所以美"即皱眉显得美的原因。《史记·卫康叔世家》:"必求殷之贤人君子长者,问其先殷所以兴,所以

亡,而务爱民。""所以兴"即兴盛的原因。当"所以"用于因果复句的下半句时,转变成连词,如《荀子·哀公》:"君不此问,而问舜冠,所以不对也。"

(四)由跨层结构凝固成新的虚词

否则:"否"和"则"连用时原本不在一个句法层次上,"否"代表一个假设性小句,相当于"如果不这样","则"引出上述假设的后果或结论,相当于"那么"。如《尚书·益稷》:"格则承之庸之,否则威之。"孔传:"不从教则以刑威之。"《左传·襄公二十六年》:"义则进,否则奉身而退。"该结构中,"否则"的前一句也用到"则",故"否则"后只能接谓语动词,不能接带主语的小句。"否则"成为连词后,其后可以接完整的分句,如《汉书·成帝纪》:"温故知新,通达国体,故谓之博士;否则,学者无述焉……"

关于:"关"和"于"连用时原本不在一个句法层次上,"关"为动词,义为"关联""涉及","于"为介词,后接宾语,组成介宾结构后成为谓语动词"关"的补语。① 如司马迁《报任少卿书》:"夫中材之人,事关于宦竖,莫不伤气,况忼慨之士乎!""事关于宦竖"即事情与宦官有关。"关于"虚化成为介词后,可以引入某种行为或事物的关系者,组成介词结构作状语或定语。如司马光《请建储副或进用宗室第一状》:"臣窃惟陛下天性纯孝,振古无伦。事无大小,关于祖宗者,未尝不勤身苦体,小心翼翼,以奉承之。""事无大小,关于祖宗者"可以译作"关于祖宗的事情,不论大小",此为状语,后面小句另起主语,大意为"(陛下)未尝不勤身苦体,小心翼翼,以奉承之"。

(五)双音节实词虚化为双音节虚词

原来:"原来"原本作"元来"。《说文解字·一部》:"元,始也。""元来"原为时间名词,即当初、最初。《入唐求法巡礼行记·开成六年正月六日》:"元来贫穷,去年行于坊寺,担罗葡、柴等卖。""元来"与"去年"对举,两者词性相当。"原"和"元"语义接近,在宋代,"原来"出现了作为插叙标记的用法。如南宋话本《碾玉观音》:"两个面面相觑,走出门,看着清湖河里扑通地都跳下水去了。当下叫救人打捞,便不见了尸首。原来当时打杀秀秀时,两个老的听得说,便跳在河里,已自死了。这两个也是鬼。"这里"原来"引入的插叙解释了当下"不见了尸首"的原因。当解释功能由于经常出现而逐渐凸显,其地位慢慢超越了原有的时间功能,直到最后时间功能完全隐去时,"原来"就从插叙标记演变为解释标记,类似于一个表示原因的连词。② 如《二刻拍案惊奇》卷十七:"遂也回他一首,和其末韵云:'宋玉墙东思不禁,愿为比翼止同林。知音已有新裁句,何用重挑焦尾琴?'吟罢,也写在乌丝茧纸上,教老姥送将来。俊卿看罢,笑道:'元来小姐如此高才!难得,难得。'"此例中,"元来"后面引入的是对写诗小姐的夸赞,并不是发生在前的事件,只是借此新发现的情况来解释小姐写出好诗句并非偶然。这里的"原来"不再是插叙标记,而是表示发现真实情况的副词。

三、助词动能的严密化

汉语的助词是附着在词或短语上,表达动作的时体情态意义,显示各种语气,构成

---

① 董秀芳.词汇化:汉语双音词的衍生和发展[M].成都:四川民族出版社,2002:278.
② 董秀芳.汉语语篇中的插叙标记及其演变[J].汉语学报,2022(1):33-42.

各种结构的一类特殊虚词,其意义最为虚化,分类最为分歧。四类主要的助词通过内部的调整和规范变成如今简明而严密的助词系统。

(一)动态助词的严密化

动态助词主要表示动作的完成、过去和持续进行,它是唐五代才逐渐产生的一个新的助词小类,原本有好些,如"却""了""着""过""将""得""取"等,它们都由动词发展而来,其虚化的第一步基本上都是跟在与其动词义相近或相关的另一个动词之后,充当连动式的第二个动词,再由连动式发展成为表示结果的补语,进而虚化为助词。由于来源相似,所以功能也就相似,以至于唐代出现很多动态助词大量混用的情况,① 如以下三种情况。

(1)"却"与"了"功能相当,主要表示动作完成,但也用于表示动作的持续,如徐夤《寄僧寓题》:"百岁付于花暗落,四时随却水奔流。""随却水奔流"即"随着水奔流"。

(2)"着"主要表示动作持续和进行,但也有表示完成的用例,如《朱子语类》卷六八:"才说法天,便添着一件事。""添着一件事"即"添了一件事"。

(3)"得"主要连结表示程度或结果的补语,但又可以作为动态助词表示动作的完成和持续,如花蕊夫人《宫词》之二一:"上得马来才欲走,几回抛鞚抱鞍桥。""上得马"即"上了马"。令狐楚《塞下曲》之一:"平生意气今何在,把得家书泪似珠。""把得家书"即"把着家书"。

宋代以后,动态助词混用的情况逐步减少,"却""将""得""取"作为动态助词的用法逐步衰落。"了、着、过"的功能在明代以后趋向单一化,表示动作完成用"了",表示动作持续和进行用"着",表示动作过去用"过",最终形成了一套严密规范的汉语动态助词系统。

(二)结构助词的严密化

上古常用的结构助词有"之、者、所"。

(1)"之"作为结构助词主要用在定语和中心词之间,相当于现代汉语的结构助词"的"。如《尚书·盘庚上》:"绍复先王之大业。"

(2)"者"作为结构助词主要用在形容词或动词结构之后,改变其原有词性,使其成为名词性成分,如《论语·子罕》:"逝者如斯夫! 不舍昼夜。"

"者"用于名词之后时,标明语音上的停顿,并引出下文,常表示判断。如《礼记·表记》:"仁者,天下之表也。义者,天下之制也。"

(3)"所"作为结构助词主要是放在动词结构之前,改变其原有词性,使其成为名词性成分。如《诗·鄘风·载驰》:"百尔所思,不如我所之。"《左传·昭公四年》:"召而见之,则所梦也。"《汉书·何武王嘉师丹传》:"千人所指,无病而死。"

近代常用的结构助词有"底(的)、地、得"。

(1)结构助词"底"是现代汉语"的"的前身,始见于于唐代,完备于宋代,主要用于各类体词性结构之中,如《敦煌变文集新书·无常经讲经文》:"到家各自省差殊,相劝直论好底事。"辛弃疾《夜游宫·苦俗客》:"有个尖新底。说底话,非名即利。"

---

① 曹广顺.近代汉语助词[M].北京:语文出版社,1995:82.

"底"字另有实词意义，不宜作助词用字，加之近代北方入声消失，入声字"的"字音近乎"底"，于是宋代以后"底"字逐渐写作"的"。

"底"的用法和早期"者"的用法重合度很高，如《史记·陈丞相世家》："项王怒，将诛定殷者将吏。""定殷者将吏"即攻克殷地的将士官吏。

近代"底"和"者"也偶有混用的，如《五灯会元》："问：'如何是佛？'师曰：'殿里底。'曰：'殿里者岂不是泥龛塑像？'"

加之"者"还有又读音，即《集韵·姥韵》："者，语辞，音董五切。"这样在某些方言中，"者"和"底"的发音是非常相似的。因此有多学者倾向于"底"来源自上古"者"字，不过它又发展出了少量新的用法，如"你底""谁底"等。①

(2)结构助词"地"出现于唐代，甚至更早的年代，比"底"出现得要早。相对"底"主要作定语，"地"主要用在形容词、副词之后一起作谓语、状语，如李群玉《寄张祜》："如君气力波澜地，留取阴何沈范名。""波澜地"为谓语。李白《越女词》之四："相看月未堕，白地断肝肠。""白地"为状语。

元代以后，"底"（"的"）字大量地进入"地"的语法位置，作状语、谓语的标志，这在《祖堂集》《元典章》中已经表现得很充分，如《祖堂集》卷十四："和尚蓦底失声便唾。""蓦底"作状语。《祖堂集》卷十："什摩当当密密底？""当当密密"作谓语。《元典章》："他每无体例不便的勾当，续续的整治行者。""续续的"作状语。

当然也有"地"字用作定语的，可见混用是相互的，此不举例。

明清时期，"的"字更普遍替代了"地"，一直到现代汉语口语中"地""的"仍旧大量混用。

(3)后接状态和结果补语的结构助词"得"来源于动词"得"，其发展过程类似于"了、着、过"，经历了"连动式中的后一个动词'得'→结果补语'得'（表达成）+体词性短语→动态助词'得'+谓词性补语"的虚化过程。"得"由后接体词性短语到后接谓词性补语，是它虚化为结构助词的关键，后面几个用例能够展现这一历程，如《论衡·讲瑞》："宋元王之时，渔者纲得神龟焉。"白居易《梦旧》："别来老大苦修道，炼得离心成死灰。"齐己《谢武陵徐巡官远寄五七字诗集》："还是灵龟巢得稳，要须仙子驾方行。"

多数学者认为后接可能补语的结构助词"得"也源自上述虚化的过程，"得"之所以表示可能也许是受到语境义的影响，即在叙述未然事件的语境中，"得"就逐渐变成表示具有实现某种结果的可能性，②如《祖堂集》卷六："只到这里岂是提得起摩？"

另外，"得"在成为引导补语的结构助词之前本身就可以单独充当补语，近代汉语中仍有很多这类用法，且以表示可能居多，它们仍旧可以视作结构助词，如陆游《岳池农家》诗："谁言农家不入时，小姑画得城中眉。""画得城中眉"即能够如城里人一样画眉。

结构助词"底（的）、地、得"的出现，既是对"之、者、所"功能的继承和扬弃，又是对句子成分功能的标记化和规范化，使句子的定语、状语、补语获得了某种形态标记，使汉语的语法表达更加简明精密。

---

① 蒋冀骋.近代汉语词汇研究[M].长沙:湖南教育出版社,1991:180-181.
② 吴福祥.能性述补结构琐义[J].语言教学与研究,2002(5):20.

(三)语气助词的严密化

语气作为一种语法范畴,汉语可以使用语调、语气副词("岂""难道""其"等)、句末语气助词("也""矣""了""吗"等)、句首语气助词(又叫"发语词",如"夫""唯"等)等多种语法手段来表达。本节的语气助词专指句末语气词,语气副词和发语词多用于谓语之前,与我们讨论的句末语气词绝不相涉。

前人习惯根据用途把文言语气助词进行二分,或分为"决辞"和"疑辞",或分为"传信助字"和"传疑助字"。[①] 实际上就是把语气助词分为陈述判断和疑问反诘两大类,但感叹语气助词往往不在其讨论之列。

上古语气助词在西周时数量仍旧不多,使用频率偏低,但感叹语气助词较多。春秋战国以后各类语气词数量大增,到先秦两汉已经建立完备的语气助词体系,但往往一个语气词可以表示多种语气或好几个语气词可以表示同一种语气,规律性较差。历代封建文人在袭用上古文言模仿古人语气助词使用的过程中逐渐形成一定的规范,孙锡信先生总结了常用语气助词在唐代文言散文中的使用规范,具体内容见下:

也:表示决定、论断语气,偶或用于问句。
矣:用于陈述已然或将然的事实变化。
耳:表示确信、强调语气。
焉:表示叙述的终了,中性语气,一般不用于问句。
乎:用于是非问、反诘问以及由反诘转化的感叹句。
邪:主要表示反诘语气。
耶:用于特指问、选择问和反诘问。
哉:表示反诘语气及用于带反诘意味的感叹句中。
欤:此时期少用,偶见仿古例证,用于测度问、选择问和轻微咏叹。[②]

上古文言语气助词远不止以上这些,数量更多,但其间仍存在若干音义联系,同源关系明显者如:"耶""邪""与"("欤")均为以母鱼部字,三者同音,同为"传疑"语气助词;"矣"和"已"均为之部字,声母仅云母和以母之别,中古后语音全同,同为"传信"语气助词;"耳""而"和"尔",均为日母字,"耳""而"属之部,"尔"属脂部,语音小别,三者可同作"传信"语气助词。

新的白话语气助词在中古和近代获得了长足的发展,今天仍旧常用的语气助词多数在近代汉语中已经定型,旧的文言语气助词在近代白话文献则日益衰减,逐渐被新兴的语气助词所替代。如传信语气助词"也""矣"逐渐少用以至不用,代之以表肯定的"的"和表变化的"了";传疑语气助词"乎""与""邪""哉"逐渐为"吗"(用于是非问、反诘问)、"呢'(用于特指问、选择问、承前问)、"吧"(用于测度问)等代替;表感叹的语气助词"兮""只""哉"逐渐被"啊"代替。

近代汉语在完成语气助词替换的过程中还产生了一系列同源的语气词,但很多已不在今天的标准语中使用,仅留存于各地方言,如最常用的疑问语气助词"吗"在出现前曾有"无""磨""摩""麽""嘛""末"等多种形式,到清代则被"吗"完全取代,"吗"其实就是

---

① 马建忠.马氏文通[M].北京:商务印书馆,1983:413.
② 孙锡信.近代汉语语气词:汉语语气词的历史考察[M].北京:语文出版社,1999:42.

来源于疑问句末的"无";又如用于承前问和特指问的"呢"最初写作"聻""尼""你"等形式,另"那"的部分功能也同于"呢",后来这些用法纷纷走向衰亡,独独保留了语气助词"呢"的用法;再如表呼唤、感叹和反诘语气的语气助词"啊"原本有"後""好""呵""阿"等多个书写形式,随着语音的弱化和实际语音的调整,最后也只保留了"啊"这一种形式。近代汉语另有一些零星的语气助词,如"者""时""波""则个"在现代汉语中没能流传下来。

由上可见,语气助词发展的总趋势是规范化和简省化。

第五节　特殊语序的衰减

所谓语序即句子语法成分的次序,它是区分句子成分、表达各种语法范畴的重要语法手段。汉语的语序从上古中晚期以来保持了相当的稳定性,主要句子成分的次序都是一样的。基本的语序有:主语在谓语之前,如"王归""寡人好色"。述语在宾语之前,如"弑君""爱共叔段"。定语和状语在中心语之前,如"诚贤君也"。介词在宾语之前,如"以长不以贤"。

上面上古汉语用例翻译为现代汉语,基本语序也不会发生改变。然而总体而言,上古汉语的语序又比现代汉语要灵活得多,在特殊语境下会出现一些特殊语序,某些习惯句式的表达使用特殊语序的用例可能比基本语序更多。上古常用的特殊语序主要有以下三类。

一、宾语前置

宾语置于述语之后在甲骨文、金文中也是常态,但宾语在一定的语法条件下仍会提到谓语动词的前面,主要有以下三种情况。

(一)疑问句中,疑问代词作宾语要前置

询问人的疑问代词主要有"谁""孰",询问事物或原因的疑问代词主要有"奚""曷""胡""何",询问处所的疑问代词主要有"何""安""焉""恶"。疑问句中,这些疑问代词作述语的宾语或者作介词的宾语时,都要前置。如:

《左传·成公三年》:"臣实不才,又谁敢怨?""谁敢怨"即"岂敢怨恨谁呢"。
《荀子·非相》:"圣王有百,吾孰法焉?""孰法焉"即"该效法谁呢"。
《孟子·许行》:"许子奚为不自织?""奚为"即"为什么"。
《公羊传·僖公三十一年》:"然则曷祭?祭泰山河海。""曷祭"即"祭祀什么呢"。
《战国策·齐策》:"胡为至今不朝也?""胡为"即"为什么"。
《左传·成公三年》:"子归,何以报我?""何以"即"用什么"。
《论语·宪问》:"子路宿于石门。晨门曰:'奚自?'""奚自"即"自哪个地方来"。
《史记·屈原贾生列传》:"予去何之?""何之"即"将去何方呢"。
《论语·里仁》:"君子去仁,恶乎成名?""恶乎"即"到哪"或"在哪"。
《孟子·离娄上》:"天下之父归之,其子焉往?""焉往"即"到哪呢"。

《史记·项羽本纪》："沛公安在？""安在"即"在哪呢"。

(二)否定句中,代词作宾语要前置

否定句是带有否定词的句子。常见的否定词有"不""弗""毋""勿""未""否""非"(以上为副词)、"无"(动词和副词)、"莫"(无定代词和副词)等。其中"弗"和"勿"后面所接动词不带宾语,所以无所谓宾语前置。"否"单独作谓语是习惯用法,也无所谓宾语前置。"非"常与名词性成分连用构成谓语,缺少谓语动词,所以也无所谓宾语前置。"无"由动词虚化为否定副词,表示禁止时用法同于否定副词"毋"。代词作宾语要前置的主要是使用"不""毋""未""无""莫"这几个否定词的否定句,如:

《左传·襄公三十一年》："吾爱之,不吾叛也。""不吾叛"即"不背叛我"。"吾"为代词宾语。

《左传·襄公十四年》："毋是翦弃。"该句义为"不要抛弃这些人"。"是"为代词宾语。

《国语·齐语》："邻国未吾亲也。"该句义为"邻邦还没有与我们友好相处呀"。"吾"为代词宾语。

《左传·宣公十五年》："我无尔诈,尔无我虞。"该句义为"我不欺你,你不骗我"。"尔""我"为代词宾语。

《论语·宪问》："莫我知也夫！"该句义为"没有人了解我呀"。"我"为代词宾语。

否定句中代词作宾语要前置的规律并不严格。有的并非否定句,仅仅因为是代词作宾语就前置了,如《尚书·大诰》："民献有十夫,予翼以于敉宁武图功。"该句并非否定句,"予翼"即"辅佐我",代词宾语"予"同样前置了。另外,否定句中的代词宾语也有少量不前置的,如《史记·封禅书》："九合诸侯,一匡天下,诸侯莫违我。"该句依例如要宾语前置,应该是"诸侯莫我违"。

(三)借助指示代词复指的宾语,宾语连同复指成分一起前置

一般名词和代词充当宾语也可以前置,只是要在宾语和谓语动词之间插入一个指示代词,常见指示代词有"是""之""斯""焉"等,它们的作用就是用来复指前面的宾语。如:

《左传·僖公五年》："将虢是灭,何爱于虞。""虢"作"灭"的宾语,靠代词"是"复指,前置。该句义为"将要灭掉虢国了,对虞国还有什么怜惜呢"。

《诗·小雅·节南山》："秉国之钧,四方是维。""四方"作"维"的宾语,靠代词"之"复指,前置。该句义为"掌握一国大权的人,就要维护天下百姓的安全"。

《诗·豳风·七月》："朋酒斯飨,曰杀羔羊。""朋酒"作"飨"的宾语,靠代词"斯"复指,前置。该句义为"乡人相聚享用两壶美酒,宰杀羊羔大家品尝"。

《左传·隐公六年》："我周之东迁,晋郑焉依。""晋郑"作"依"的宾语,靠代词"焉"复指,前置。该句义为"我们周王室东迁,完全是依靠晋国和郑国帮助"。

为了强调前置宾语,有时在宾语之前再加上排他性的副词"惟"(也作"唯"),如:

《尚书·蔡仲之命》："皇天无亲,惟德是辅。""惟德是辅"即"只保佑有德行的人"。

《左传·宣公十二年》："率师以来,唯敌是求。""唯敌是求"即"只求与敌人作战"。

《左传·成公十三年》："余虽与晋出入,余唯利是视。""唯利是视"即"只看重利"。

今天的成语"唯命是听""唯命是从""唯利是图"仍保留了上古的语法结构。

有时"是"作为指示代词可以指代前面提到的事物,也可以放在动词前面成为前置宾语,如《诗·周南·葛覃》:"维叶莫莫,是刈是濩。""是刈是濩"即"割它、煮它"。《左传·僖公四年》:"昭王南征而不复,寡人是问。""寡人是问"即"寡人来责问上面这件事情"。

先秦时期宾语前置的主要语言环境条件就是以上三大类,后代文言多沿袭这类语法,如唐韩愈《祭十二郎文》:"吾少孤,及长,不省所怙,惟兄嫂是依。""惟兄嫂是依"如顺位表达应该是"惟依兄嫂"。但最早从东汉开始,口语中已经逐渐放弃这类宾语前置的句子,如:

《诗·郑风·东门之墠》:"岂不尔思?子不我即。"郑玄笺:"我岂不思望女乎,女不就迎我而俱去耳。"郑玄这里注释《诗经》已经将否定句中的代词宾语移到动词后。《诗·邶风·新台》:"鱼网之设,鸿则离之。"郑玄笺:"设鱼网者宜得鱼,鸿乃鸟也,反离焉。"郑玄这里注释《诗经》已经将用指示代词"之"复指的名词宾语移到动词后。

南北朝以后的口语中,宾语前置的情况已经极为罕见了,原本就有的"主述宾"的基本语序变得更加稳定。

二、定语后置

偏正结构中,修饰语在前中心语在后是古今汉语的基本语序。但越是在上古的早期,定语后置的情况就越多。其存在的形式主要有以下四种情况。①

(一)名词及体词性成分作定语后置

这种没有任何形式标志的定语后置,清人早已经注意到了。清末学者俞樾《古书疑义举例》中,专门就此概括为"以大名冠小名"的古书辞例。此书卷三该条说:"古人之文,则有举大名而合之于小名,使二字成文者。如《礼记》言'鱼鲔','鱼'其大名,'鲔'其小名也。《左传》言'鸟乌','鸟'其大名,'乌'其小名也。《孟子》言'草芥','草'其大名,'芥'其小名也。"后来的学者对"大名冠小名"做了详细的分类,其中没有太大分歧且常见的类别有:①地名:丘商、城颖、城濮。②人名:后稷、师旷、女娲。③星名:星鸟、星火、星虚。④动物名:虫螟、虫蝗、鱼鲔、鸟乌。⑤植物名:草芥、草莱、树桑、树檀、树桃。

(二)形容词及谓词性成分作定语后置

这类用例在《诗经》《尚书》中保留了较多,如《诗·大雅·荡》:"女炰烋于中国,敛怨以为德。""中国"非今义,乃是指"国之中"。"女炰烋于中国"即"你们在这王畿咆哮逞凶"。《尚书·舜典》:"月正元日,舜格于文祖。""月正"即"正月","月正元日"即"正月初一"。

在《诗》和《楚辞》中,叠音形容词作定语后置时,其前往往加一"之"字,构成前正后偏的偏正结构。如《诗·周南·桃夭》:"桃之夭夭,灼灼其华。""桃之夭夭"即"夭夭之桃",也就是"茂盛的桃花"。《楚辞·渔父》:"安能以身之察察,受物之汶汶者乎?""身之察察"即"察察之身","物之汶汶"即"汶汶之物",该句大意为"怎么能用洁白的身体去接触污浊的世事呢"。

---

① 王锳.古汉语定语后置问题的再探讨[J].徐州师范大学学报(哲学社会科学版),2004(2):69-74.

(三)"者"字结构作定语后置

"者"字结构本身为名词性结构,当它较复杂时,可以将其置于中心词之后,"者"此时正好可以成为后置定语的标志。如《列子·天瑞》:"杞国有人忧天地崩坠、身亡无所寄,废寝食者。""人"为中心语,"忧天地崩坠、身亡无所寄,废寝食者"才是定语。《史记·秦始皇本纪》:"高乃与公子胡亥、丞相斯阴谋破去始皇所封书赐公子扶苏者,而更诈为丞相斯受始皇遗诏沙丘,立子胡亥为太子。""书"为中心语,"赐公子扶苏者"才是定语。

(四)数量结构作定语后置

前节已经提到,先秦名量词不发达,"一箪食""一瓢饮"的用法并不常见,更多的是名词+数词的结构。后来名量词多了起来,但数量结构作定语后置的情况依旧很普遍,如《诗·魏风·伐檀》:"不稼不穑,胡取禾三百廛兮。"《左传·僖公三十三年》:"以乘韦先,牛十二犒师。"

今天在多项列举或分类统计时,数量结构作定语仍需要后置,如"猪肉五斤,牛肉三斤,蔬菜十斤"之类。

三、介词后置

介词后置类似于宾语前置,前文已经提到疑问代词作介词的宾语时要前置,如"奚为""胡为"等均为介词后置,但是也有例外,如《诗·小雅·正月》:"哀我人斯,于何从禄。""于何"即"在哪儿",介词不曾后置,后句大意即"在哪得到幸福"。除了上面这种情况,以下三种情况介词也会后置:

(1)被"之""是"复指的宾语,对应的介词要后置。如《左传·僖公四年》:"岂不穀是为,先君之好是继。""岂不穀是为"大意是"难道是为了不穀吗"。《国语·越语》:"鼋龟鱼鳖之与处,而蛙黾之与同渚。"今天的顺序为"与鼋龟鱼鳖处,与蛙黾同渚"。

(2)方位名词和时间名词作介词的宾语时,对应的介词往往后置。如《史记·项羽本纪》:"沛公北向坐,张良西向侍。""北向坐"即"面向北而坐"。《左传·僖公十五年》:"若晋君朝以入,则婢子夕以死;夕以入,则朝以死。唯君裁之。""朝以入"即"在早晨进入国都","夕以死"即"晚上自焚而死"。《左传·昭公元年》:"君子有四时:朝以听政,昼以访问,夕以修令,夜以安身。""朝以听政"即"在早上听政"。

(3)宾语需要强调时,介词"以"可以后置。如《孟子·滕文公上》:"江汉以濯之,秋阳以暴之,皜皜乎不可尚已。"今天的顺序为"以江汉濯之,以秋阳暴之"。《荀子·赋蚕》:"蛹以为母,蛾以为父。"今天的顺序为"以蛹为母,以蛾为父"。

复指宾语的代词"是"和容易后置的介词"以"可以组成凝固结构"是以",它最终词汇化为连词,表示"因此、所以"的意思,同于"以是",如《老子》:"功成而弗居。夫唯弗居,是以不去。"《论语·公冶长》:"敏而好学,不耻下问,是以谓之文也。"

第六节 新的句法形式的产生

一、用"是"的判断句产生

判断句是对主语进行判断的句子。上古汉语中没有专职的系动词,名词或名词性谓语不需系动词就可以直接跟在主语后构成判断句。上古判断句的常用格式主要有以下五类。

(1)借助主谓前后词序表示判断。如《诗·小雅·祈父》:"祈父,予王之爪牙。"《史记·屈原贾生列传》:"秦,虎狼之国。"

(2)借助结构助词"者"或语气助词"也"表示判断。如《荀子·君道》:"法者,治之端也。"《战国策·秦策二》:"虎者,戾虫。"《论语·阳货》:"乡愿,德之贼也。"

(3)借助句中语气助词和副词表示判断。

常用的帮助判断的句中语气词有"维"(又作"惟")、"繄"等少数几个,如《诗·鄘风·柏舟》:"髧彼两髦,实维我仪。"《尚书·禹贡》:"厥土惟白壤。"《左传·僖公五年》:"民不易物,惟德繄物。"

常用的帮助判断的副词有"乃""即""非"等,其中"非"(又作"匪")是否定主语和谓语之间的关系的,使句子具有否定判断的语气。"乃"和"即"明显比句中语气助词的使用要晚,如《史记·魏公子列传》:"今公子有急,此乃臣效命之秋也。"《史记·项羽本纪》:"项梁父即楚将项燕。"《诗经·邶风·柏舟》:"我心匪石,不可转也。"《庄子·秋水》:"子非鱼,安知鱼之乐?"

(4)借用动词"为"表示判断。

历代均有学者认为"为"字是"惟"字的音变。然"为"本身就是一个含义非常广泛的动词,临时借用来表示判断不无不可,如《左传宣公三年》:"余为伯鲦。"《论语·微子》:"夫执舆者为谁?"

(5)"是"字复指主语表示判断。

《论语·里仁》:"富与贵,是人之所欲也。""是"复指主语"富与贵"。《左传·僖公三十年》:"吾不能早用子,今急而求子,是寡人之过也。""是"复指主语"不能早用子"。

上两例中的"是"是指示代词"这"的意思,由于它长居主谓之间,意义逐步抽象,成为系动词。汉代以前有很少的"是"字已成为系动词,如《韩非子·外储说左上》:"此是何种也?"《战国策·魏策三》:"韩是魏之县也。"

长沙马王堆汉墓出土的帛书中在介绍彗星图时多次用了"是是帚彗"的句式[1],多数学者认为第二个"是"便是系词,证明秦汉之交系动词"是"已经存在。

汉代《史记》《论衡》等书中,系动词"是"已经普遍使用,如《史记·刺客列传》:"此必是豫让也。"《史记·商君列传》:"客舍人不知其是商君也。"《论衡·死伪篇》:"余是而所嫁妇人之父也。"

---

[1] 顾铁符. 马王堆帛书《天文气象杂占》内容简述[J]. 文物,1978(2):6.

"是"字句早期仍保留煞尾的"也"字,后来逐渐消失。

二、用"被"的被动句产生

被动句是叙述句中一种,它的主语和谓语之间是被动关系,即主语是谓语所表示的动作、行为的被动者和受事者,而不是主动者和施事者。

上古汉语原本没有用"被"的被动句,其被动句的常用格式主要有以下五类。

(一)借用主动句的形式表达被动的意义

这种被动句由于不带任何标记,又被称作"意念被动句",它的被动意义是依靠上下文或词汇意义本身显露出来的,如:

《公羊传·庄公二十八年》:"齐人伐卫……春秋伐者为客,伐者为主。故使卫主之也。曷为使卫主之?卫未有罪尔。"何休注:"伐人者为客,读伐,长言之。见伐者为主,读伐,短言之,齐人语也。"

上文中的两个"伐"形式相同,意义不同。第二个"伐"指"被攻伐",要读短音,才可以与攻伐别国的"伐"相区别。

《论语·子罕》:"吾不试,故艺。""吾不试"即"我不被任用"。

今天这种"意念被动句"在口语中仍很常见,如"苹果吃完了""子弹打光了"。

(二)用介词"于"引进动作、行为的施事者

介词"于"本身可以介引动作发生的地点,施事者有时也可被当作是动作的发生地,所以很早就用"于"字引进动作、行为的施事者,如西周《叔牝方彝》:"叔牝锡贝于王姒,用作宝尊彝。"该句大意即"叔牝被王姒(周王的妃子)赏赐了贝壳之类的钱币,于是铸造礼器宝尊彝"。《左传·成公二年》:"卻克伤于矢,流血及屦。""伤于矢"即"被箭矢射伤。"《荀子·荣辱》:"通者常制人,穷者常制于人。""制人"和"制于人"为主动句和被动句并用。

(三)用介词"为"引进动作、行为的施事者

介词"为"本身可以介引事情发生的原因,施事者也可以当作是动作发生的原因,如《论语·子罕》:"不为酒困,何有于我哉?""不为酒困"即"不被酒困扰"。《韩非子·五蠹》:"兔不可复得,而身为宋国笑。""为宋国笑"即"被宋国人耻笑"。

"为"后的施事者有时是显而易见的,所以可以省略,如《战国策·燕策三》:"父母宗族,皆为戮没。""皆为戮没"即"都被杀戮或没收入官"。

后来"为"和"所"配合使用,表被动的动词义更加凸显,如《战国策·秦策》:"楚遂削弱,为秦所轻。"《史记·李斯列传》:"微赵君,几为丞相所卖。"

"……为……所"格式中,"为"后的施事者也有省略的,如《史记·项羽本纪》:"不者,若属皆且为所虏。"

(四)用"见"引进及物动词表达被动意义

"见"本身有"遇到""遭遇"之义,如《墨子·七患》:"故国离寇敌则伤,民见凶饥则亡。"这里"离""见"均有"遭遇"之义。"见"居于及物动词之前,正好可以表示被动的意

义。如《论语·阳货》:"年四十而见恶焉,其终也已。""见恶"即"被厌恶"。《孟子·梁惠王上》:"百姓之不见保,为不用恩焉。""不见保"即"不被安抚"。《孟子·尽心下》:"盆成括见杀。""见杀"即"被杀死"。

"见"可与"于"配合使用,进一步引入施事者,如《韩非子·说难》:"弥子瑕见爱于卫君。"大意即"弥子瑕被卫国君主宠爱"。《史记·屈原列传》:"怀王以不知忠臣之分,故内惑于郑袖,外欺于张仪。"后半句大意即"内帷被郑袖所迷惑,外事被张仪所欺骗"。

魏晋时期,施事者有的提前到"见"字之前,"见"的意义更加虚化,有些人将它分析为第一人称,如李密《陈情表》:"生孩六月,慈父见背。""慈父见背"大意为"我被父亲抛弃(因父亲死亡)","慈父"为施事者。《后汉书·吕布传》:"因往见司徒王允,自陈卓几见杀之状。""卓几见杀"即"自己几乎被董卓杀死","董卓"为施事者。

今天"见笑""见谅""见教"等用词是上述中古语法的残留。

(五)动词"被"虚化表示被动

"被"在上古原为动词,有"蒙受""遭受""领受"等义,后多接名词性成分,如《管子·形势解》:"主明而国治,竟内被其利泽。""被其利泽"即"蒙受其好处和恩泽"。

战国以后"被"开始接动词,此时"被"仍旧可以按"蒙受""遭受"义来理解,但已经开始了虚化,如《韩非子·五蠹》:"今兄弟被侵,必攻者,廉也;知友被辱,随仇者,贞也。""被侵"即"遭受侵犯","被辱"即"遭受侮辱"。《战国策·齐策》:"国一日被攻,虽欲事秦不可得也。""被攻"即"遭受攻击"。这两例的"被"与"见"作用相当,经过重新分析后,也可以理解为介词"被",是被动的标记。

到了汉代"被"字用于动词前表示被动的用例逐渐增多,其后更可以用"被"引进施事者,用"所"标记动词,这样用"被"字的被动句就变得非常成熟了,如《史记·屈原贾生列传》:"信而见疑,忠而被谤,能无怨乎?""见疑"即"被怀疑","被谤"即"被诽谤",两种被动句式并列使用。《世说新语·言语》:"祢衡被魏武谪为鼓吏。"该句大意为"祢衡被魏武帝曹操贬谪为鼓吏。""被"字后接施事者"魏武帝"。《颜氏家训·杂艺篇》:"父子并有琴、书之艺,尤妙丹青,常被元帝所使,每怀羞恨。""……被……所"格式与"……为……所"格式结构相当,后一格式后来几乎被前者所取代。

三、用"把"的处置句产生

处置句是一种特殊的叙述句。叙述句的语序通常是"主述宾",宾语一般在谓语动词之后。而处置句会用介词将宾语提前到谓语动词之前,表达一种对宾语加以处置的意义。

从上古到近代,汉语先后诞生了"以"字句、"将"字句、"把"字句这三种代表性的处置句,最终后两种句式保留至今。

(一)"以"字句

"以"原是动词,可以单独或作为连动结构使用,如《尚书·立政》:"继自今立政,其勿以憸人。"这个"以"有"任用"义,"勿以憸人"即"不要任用奸邪利口之人"。马王堆汉墓帛书《道原》:"人皆以之,莫知其名。人皆用之,莫见其刑。"这个"以"有"使用"义,"人皆以之"即"人皆用之"。《尚书·盘庚》:"惟涉河以民迁。"这个"以"有"率领"义,"以民迁"即"带着百姓迁移"。

表"使用"义的动词"以"很自然就虚化为工具介词及其他介词,春秋战国时期"以"的介词用法最为常见,如《孟子·梁惠王下》:"杀人以梃与刃有以异乎?""杀人以梃与刃"即"用木棍打死人跟用刀杀人",此句介词短语居于动词后。《左传·僖公二十三年》:"醒,以戈逐子犯。""以戈逐子犯"即"用戈追打子犯",此句介词短语居于动词前。

那些居于动词前的介词短语经过重新分析,很容易被分析为处置结构,如《孟子·公孙丑下》:"陈子以时子之言告孟子。""时子之言"既是"告"的凭借和对象,又是"告"要处置的对象。该句大意为"陈子把时子的话告诉了孟子"。《墨子·贵义》:"是犹以卵投石也。""卵"既是"投"的工具,又是"投"要处置的对象。"以卵投石"即"将蛋拿去打石头"。

表处置的"以"字句,它的谓语动词实际上对应两个宾语,除了提前的宾语,后面还要另接一个与事名词或地点名词,如《孟子·万章上》:"天子不能以天下与人。""人"为"与"的第二个宾语,是与事名词。《史记·滑稽列传》:"复以弟子一人投河中。""河中"为"投"的第二个宾语,是地点名词。

"以"字句处置意味并不浓,多被视作广义处置句。六朝以后,表处置的"以"字句逐渐被"将"字句和"把"字句所取代。

(二)"将"字句

"将"原本是动词,上古到近代"将"或单独或作为连动结构使用,如《诗·小雅·无将大车》:"无将大车。"这个"将"有"扶进也"义,"无将大车"即"不要推载运之车"。《诗·周南·樛木》:"乐只君子,福履将之。"这个"将"有"扶助"义。"福履将之"即"以福禄扶助他"。《左传·桓公九年》:"楚子使道朔将巴客以聘于邓。"这个"将"有"带领"义,该句大意即"楚王派大夫道朔带领巴国的使者到邓国聘问。"

《论衡·儒增》:"将弓射之,矢没其卫。"这个"将"有"执持"义。"执持"义及其相关义的动词"将"在连动结构中很容易就虚化为处置介词"将",如上例中的"将弓射之","弓"既是"持"的对象,又是"射"的受事,"将"完全可以被分析为处置介词。又如江总《妇病行》:"唯将角枕卧,自影啼妆久。""角枕"既是"持"的对象,又是"卧"的受事,"将"也可以被分析为处置介词。

唐代以后,"将"作为处置介词的用例才逐渐多起来,比之前的"以"字句,"将"字句的处置意味更浓,句式更加多样,如杜甫《寄李十二白》:"已用当时法,谁将此义陈?"白居易《新丰折臂翁》:"夜深不敢使人知,偷将大石锤折臂。"《敦煌变文集·妙法莲华经讲经文》:"只将人世绮罗,裁作天宫模样。"

(三)"把"字句

"把"原本也是动词,上古到近代"把"或单独或作为连动结构使用,如《战国策·燕策三》:"臣左手把其袖,右手揕其胸。"这里的"把"有"抓握"义。该句大意即"我左手抓住他的衣袖,右手用刀刺他的胸部"。《晏子春秋·谏下十九》:"然则后世谁将把齐国?"这里的"把"有"掌管、控制"义,"把齐国"即"掌控齐国"。

杜甫《九日蓝田崔氏庄》:"醉把茱萸子细看。"这里的"把"有"握持"义。"握持"义的动词"把"在连动结构中很容易就虚化为介词"把",如上例"把茱萸子细看"本来是"拿着茱萸子仔细看",但是语义重心和句子重音无疑都在"看"上面,"把"字可以被重新分析为处置介词。

动词"把"不仅可以虚化为处置介词,也可以虚化为工具介词,如李频《黔中罢职将泛江东》:"两鬓愁应白,何劳把镜看。"

上例的"把镜看"即"用镜子照",它与前例"把茱萸子细看"并不完全相同,却均可按状中结构来解释,这无疑都说明了"把"的虚化已经很成熟。事实上,也正是从唐代开始,用"把"的处置句就已经开始普及了,并且后来居上,和用"将"的处置句一起成为了后代处置句的代表。"将"和"把"还可在成对的处置句中连用,如皮日休《奉和鲁望渔具十五咏·钓车》:"心将潭底测,手把波文裂。"

思考与训练

1. 从现代汉语中找出十个成语说明名词作状语的现象。
2. 上古的宾语前置有哪几种情况?请举例说明。
3. 动态助词"了""着""过"是如何产生的?
4. 上古汉语中事物数量的表达有哪些方式?
5. 代词"他"的意义经历了怎样的发展和变化过程?
6. "所以"和"否则"是如何产生的?还有哪些双音节虚词跟它们的产生过程类似?
7. 汉语中的介词大都是从哪类词虚化而来的?请举例说明。
8. 虚化和使用频率有什么关系?
9. 从上古到近代结构助词有哪些重要的变化?
10. 从上古到中古,汉语判断句经历了什么重要变化?
11. "被"字句诞生前汉语是如何表达被动意义的?
12. 哪些近代汉语语气词的来源是相同的?它们在语音上有何差异?
13. 调查一下你的方言中处置句有哪些特殊的标记。

本章主要参考文献

1. 王力.汉语史稿[M].3版.北京:中华书局,2015.
2. [日]太田辰夫.汉语史通考[M].江蓝生,白维国,译.重庆:重庆出版社,1991.
3. 向熹.简明汉语史(修订本)[M].北京:商务印书馆,2010.
4. 董秀芳.词汇化:汉语双音词的衍生和发展[M].成都:四川民族出版社,2002.
5. 潘允中.汉语语法史概要[M].郑州:中州书画社,1982.
6. 罗竹风.汉语大词典[M].上海:汉语大词典出版社,1993.
7. 王力.汉语语法史[M].北京:商务印书馆,1989.
8. 曹广顺.近代汉语助词[M].北京:语文出版社,1995.
9. 殷国光,龙国富,赵彤.汉语史纲要[M].北京:中国人民大学出版社,2011.
10. 张赪.汉语简史[M].北京:北京语言大学出版社,2016.
11. 史存直.汉语语法史纲要[M].上海:华东师范大学出版社,1986.

12. 廖振佑.古代汉语特殊语法[M].呼和浩特:内蒙古人民出版社,1979.

13. 解惠全.谈实词的虚化[C]//语言研究论丛(四).天津:南开大学出版社,1987:130-151.

14. 刘坚,曹广顺,吴福祥.论诱发汉语词汇语法化的若干因素[J].中国语文,1995(3):161-168.

引用作品的版权声明

为了方便学校教师教授和学生学习优秀案例,促进知识传播,本书选用了一些知名网站、公司企业和个人的原创案例作为配套数字资源。这些选用的作为数字资源的案例部分已经标注出处,部分根据网上或图书资料资源信息重新改写而成。基于对这些内容所有者权利的尊重,特在此声明:本案例资源中涉及的版权、著作权等权益,均属于原作品版权人、著作权人。在此,本书作者衷心感谢所有原始作品的相关版权权益人及所属公司对高等教育事业的大力支持!

与本书配套的二维码资源使用说明

　　本书部分课程及与纸质教材配套的数字资源以二维码链接的形式呈现。利用手机微信扫码成功后提示微信登录,授权后进入注册页面,填写注册信息。按照提示输入手机号码,点击获取手机验证码,稍等片刻,收到4位数的验证码短信,在提示位置输入验证码成功后,再设置密码,选择相应专业,点击"立即注册",注册成功。(若手机已经注册,则在"注册"页面底部选择"已有账号?立即注册",进入"账号绑定"页面,直接输入手机号和密码登录。)接着提示输入学习码,需刮开教材封面防伪涂层,输入13位学习码(正版图书拥有的一次性使用的学习码),输入正确后提示绑定成功,即可查看二维码数字资源。手机第一次登录查看资源成功以后,再次使用二维码资源时,只需在微信端扫码即可登录进入查看。